BLAUE SERIE *leicht gemacht*®

Herausgeber:
Professor Dr. Hans-Dieter Schwind
Richter Dr. Peter-Helge Hauptmann

Umsatzsteuer / Mehrwertsteuer

leicht gemacht

Eine Darstellung der Zwei-Namen-Steuer
für Studierende und Praktiker

5., überarbeitete Auflage

von

Stefan Mücke

Steuerberater und Betriebswirt

Ewald v. Kleist Verlag, Berlin

Besuchen Sie uns im Internet:
www.leicht-gemacht.de

Autoren und Verlag freuen sich über Ihre Anregungen

Umwelthinweis: Dieses Buch
wurde auf chlorfrei gebleichtem Papier gedruckt
Gestaltung: M. Haas, www.haas-satz.berlin; J. Ramminger
Druck & Verarbeitung: Druck und Service GmbH, Neubrandenburg
leicht gemacht® ist ein eingetragenes Warenzeichen

Inhalt

Übersichten

I. Steuergegenstand

Lektion 1: Leistungen als Steuerobjekt

Grundlagen der Umsatzsteuer

Die Umsatzsteuer (auch Mehrwertsteuer genannt) wird systematisch den Besitz- und Verkehrsteuern zugerechnet. In ihrer wirtschaftlichen Wirkung ist die Umsatzsteuer eine allgemeine Verbrauchsteuer, mit der grundsätzlich der gesamte private und öffentliche Verbrauch (d.h. vom Letztverbraucher erworbene Güter und in Anspruch genommene Dienstleistungen) belastet werden soll.

Als Verbraucherabgabe ist die Umsatzsteuer darauf angelegt, dass sie wirtschaftlich vom Konsumenten getragen wird. Technisch wäre es jedoch nicht möglich, die Umsatzsteuer beim Verbraucher zu erheben. Schuldner der Umsatzsteuer ist deshalb der Unternehmer, der einen Umsatz ausführt. Ihm obliegt es, die Umsatzsteuer auf die Empfänger seiner Leistungen als Bestandteil der Preise abzuwälzen. In den meisten Fällen machen die Unternehmer dies offenkundig, indem sie die Umsatzsteuer in ihren Rechnungen bei steuerpflichtigen Umsätzen gesondert ausweisen. In Rechnungen an andere Unternehmer und an juristische Personen sind sie zum offenen Steuerausweis verpflichtet. Weil die Umsatzsteuer vom Konsumenten auf dem Umweg über den Unternehmer erhoben wird, zählt sie zu den indirekten Steuern.

Ein vereinfachtes schematisches Beispiel in der folgenden Grafik soll das System der Umsatzsteuer verdeutlichen: Händler A liefert an Händler B eine Ware für 1.000 € zzgl. 190 € Umsatzsteuer. Händler A zahlt 190 € Umsatzsteuer an das Finanzamt. In gleicher Höhe macht Händler B gegenüber dem Finanzamt einen Vorsteuerabzug geltend. Es erstattet ihm damit die 190 €. Veräußert Händler B den Gegenstand später für 1.500 € zzgl. 285 € Umsatzsteuer (19 %) an den Endverbraucher K, so hat er für den Umsatz diese 285 € Umsatzsteuer an das Finanzamt zu entrichten. Dieser Betrag verbleibt dann endgültig beim Fiskus. Der Fiskus erhält damit letztendlich nur einmal 19 % und zwar vom Verkaufspreis an den Endverbraucher.

Beispiel zum System der Umsatzsteuer

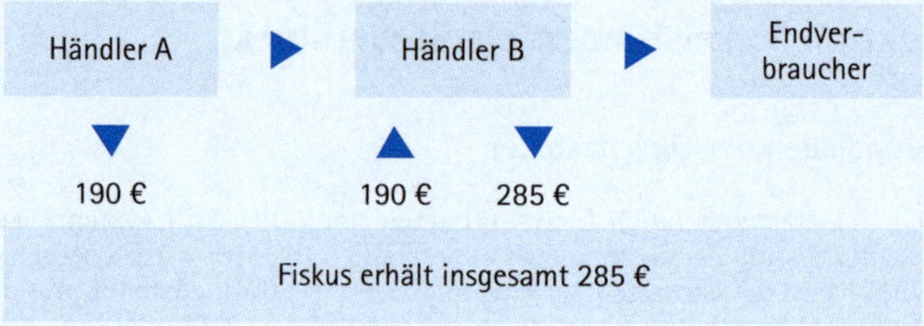

Geht eine Ware unter, verdirbt diese oder kann sie aus anderen Gründen nicht verkauft werden, erhält der Fiskus keine Umsatzsteuereinnahmen.

Die Umsatzsteuer ist mit der Lohnsteuer (zur Einkommensteuer gehörend) eine bedeutende Einnahmequelle von Bund und Ländern. Die Haushaltseinnahmen aus der Umsatzsteuer haben in den vergangenen Jahren ca. 200 Mrd. € betragen. Die Einnahmen aus Lohnsteuer ca. 165 Mrd. €. Die Umsatzsteuer ist die Steuerart mit dem höchsten Aufkommen.

Das Aufkommen der Umsatzsteuer fließt dem Bund und den Ländern gemeinsam zu. Die Gemeinden erhalten einen Anteil von 2 – 3 v.H. vom Umsatzsteueraufkommen. Der Verteilungsschlüssel wird dabei kompliziert aus der Summe des Gewerbesteueraufkommens, aus der Anzahl der sozialversicherungspflichtig Beschäftigten und aus der Summe der sozialversicherungspflichtigen Entgelte errechnet.

Die Anteile von Bund und Ländern werden jeweils durch Bundesgesetz (mit Zustimmung des Bundesrates) festgesetzt. Das entsprechende Gesetz über den Finanzausgleich zwischen Bund und Ländern (Finanzausgleichsgesetz – FAG) sieht eine komplizierte Aufteilung vor. Der Bund erhält ca. 51 v.H., die Länder ca. 47 v.H. und die Gemeinden ca. 2 v.H. Aber im Genauen wird es schwierig. Die Aufteilung ändert sich jährlich und beinhaltet milliardenschwere Ausgleichs- und Abzugsbeträge.

Ergänzend sei darauf hingewiesen, dass in der Praxis die Begriffe Umsatzsteuer (USt) und Mehrwertsteuer (MwSt) häufig gleichbedeutend verwendet werden. Der Begriff Mehrwertsteuer lässt sich dadurch erklären, dass ein Unternehmer für den von ihm generierten Mehrwert die Umsatzsteuer abführen muss. Kauft der Unternehmer, vereinfachend ausgedrückt, eine Ware für 500 € ein und verkauft er diese für 750 €, dann muss er für den Mehrwert von 250 € die Umsatzsteuer abführen. Tatsächlich muss er von dem erzielten Umsatz von 750 € die Umsatzsteuer berechnen und hat aus dem Einkauf von 500 € den entsprechenden Vorsteuerabzug.

Leitsatz 1

Begriff Umsatzsteuer

In der **Praxis** werden die Begriffe **Umsatzsteuer** und **Mehrwertsteuer** häufig gleichbedeutend verwendet.

Im **nationalen Umsatzsteuergesetz** findet der Begriff **Mehrwertsteuer** allerdings keine Berücksichtigung.

Innerhalb der EU wird der Begriff **Mehrwertsteuer** jedoch verwendet, so regelt die sog. **Mehrwertsteuer**-Systemrichtlinie die Umsatzbesteuerung innerhalb der EU-Länder.

Entsprechend der offiziellen Wortwahl im Umsatzsteuergesetz wird hier im Buch dann nur der Begriff Umsatzsteuer verwendet.

Wie lauten die Rechtsgrundlagen?

Rechtsgrundlage für die Erhebung der Umsatzsteuer sind das Umsatzsteuergesetz in der Fassung vom 21. Februar 2005 (BGBl I S. 386) mit nachfolgenden Änderungen (zuletzt geändert durch durch das dritte Gesetz zur Änderung des Umsatzsteuergesetzes), die Umsatzsteuer-Durchführungsverordnung i.d.F. vom 21. Februar 2005 (BGBl I S. 434) mit nachfolgenden Änderungen und die Einfuhrumsatzsteuer-Befreiungsverordnung (EUStBV) vom 11. August 1992 (BGBl I S. 1526) mit nachfolgenden Änderungen. Zudem gilt der Umsatzsteuer-Anwendungserlass (UStAE) vom 6. Oktober 2010, der die Handhabung weiter konkretisiert; dabei handelt es sich nicht um eine Rechtsnorm, sondern um Anweisungen des Bundesfinanzministeriums an die Finanzverwaltung.

Innerhalb der Europäischen Union ist die Umsatzsteuer aufgrund der Richtlinie 2006/112/EG des Rates über das gemeinsame Mehrwertsteuersystem vom 28. November 2006 (MwStSystRL) relativ einheitlich geregelt (die bisher geltende sog. Sechste Richtlinie zur Harmonisierung der Rechtsvorschriften der Mitgliedstaaten über die Umsatzsteuern vom 17. Mai 1977 wurde damit aufgehoben). Ergänzend zur MwStSysRL hat der Rat der europäischen Union am 15. März 2011 die Durchführungsverordnung EU 282/2011 erlassen (EU-VO).

Die OFD Hannover hat zu dem Verhältnis der EG-Richtlinien und dem nationalen Umsatzsteuersteuerrecht in ihrer Verfügung S 7056b-3-StO 351/S 7056b-1-StH 441 vom 28.07.2004 (Haufe-Index 1252026) wie folgt ausgeführt:

> Die Regelungen der EG-Richtlinien (EG-RL) zur Umsatzsteuer sind ein Mittel, um das Umsatzsteuerrecht der Mitgliedstaaten zu harmonisieren. Eine EG-RL ist nicht unmittelbar geltendes deutsches Recht, sondern muss vom Gesetzgeber in deutsches Recht umgesetzt werden. Ist dies geschehen, ist das UStG richtlinienkonform auszulegen.
>
> Hat der Gesetzgeber die Bestimmungen einer EG-RL jedoch nicht fristgerecht oder korrekt in das UStG umgesetzt, kann sich ein Unternehmer gegenüber einer für ihn nachteiligen Bestimmung des UStG unmittelbar auf eine für ihn günstigere Bestimmung einer EG-RL berufen (EuGH vom 12.1.1982, 8/81 und vom 29.6.1989, 50/88). Voraussetzung für das Berufungsrecht ist, dass die Richtliniennorm eine begünstigende Wirkung hat, dass sie hinreichend klar und genau ist, inhaltlich von keiner Bedingung abhängt und damit in ihrem Wesen geeignet ist, unmittelbare Wirkung zu erzeugen. Aus dem Berufungsrecht folgt ein Anwendungsvorrang der jeweiligen Richtliniennorm vor der entgegenstehenden Bestimmung des UStG.

Der Finanzverwaltung steht demgegenüber kein Berufungsrecht zu. Folglich kann eine für einen Unternehmer gegenüber dem UStG nachteilige Bestimmung einer EG-RL nicht durch die Verwaltung angewendet werden.

Und jetzt zum konkreten Thema dieser Lektion:

Leistungen als Steuerobjekt

Gegenstand der Umsatzbesteuerung sind Leistungen. Eine Leistung kann, wie die Grafik zeigt, in einer „Lieferung“ oder in einer „sonstige Leistung“ bestehen.

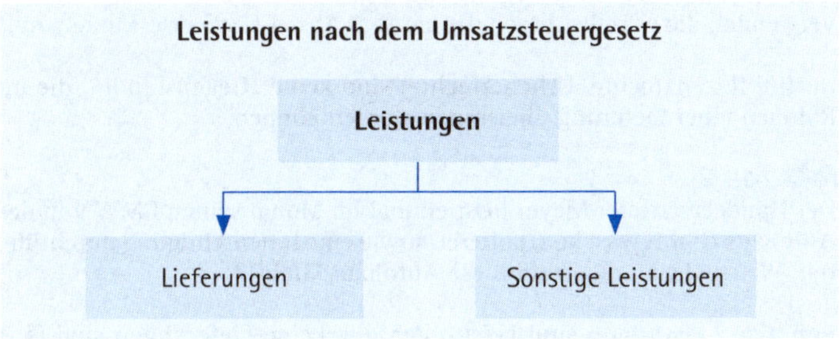

Die Differenzierung zwischen Lieferungen und sonstigen Leistungen ist u.a. für die Bestimmung des Ortes der Leistungsausführung und damit der Steuerbarkeit einer Leistung von Bedeutung. Denn nur, wenn die Leistung im Inland ausgeführt wird, unterliegt diese der deutschen Umsatzbesteuerung.

Bei der Prüfung eines umsatzsteuerrechtlichen Sachverhaltes ist daher immer zuerst die Leistungsart (Lieferung oder sonstige Leistung) zu bestimmen. Anschließend erfolgt die Bestimmung des Ortes der Leistung.

Fall 1

Die Autohaus GmbH liefert ein neues Fahrzeug der Marke BMW, Typ 530d, an den Handelsvertreter Meyer. Welche Leistung erbringt die Autohaus GmbH?

Lieferungen sind Leistungen, durch die ein Unternehmer den Abnehmer befähigt, im eigenen Namen über den Gegenstand zu verfügen (Verschaffung der Verfügungsmacht, § 3 Abs. 1 UStG). Gegenstände in diesem Sinne sind körperliche Gegenstände (Sachen nach § 90 BGB), Sachgesamtheiten sowie solche Wirtschaftsgüter, die im Wirtschaftsverkehr wie Sachen behandelt werden, insbesondere Energien, z.B. der elektrische Strom.

Mit der Übergabe des Fahrzeugs an den Handelsvertreter Meyer führt die Autohaus GmbH im Fall 1 eine Lieferung aus. Das Autohaus verschafft dem Handelsvertreter Meyer die Verfügungsmacht an dem Fahrzeug.

Lieferungen liegen auch vor, wenn der Unternehmer die Bearbeitung oder Verarbeitung eines Gegenstandes übernommen und hierbei Stoffe verwendet, die er selbst beschafft hat (§ 3 Abs. 4 UStG, Werklieferung).

Rechte (Lizenzrechte, Urheberrechte) sind keine „Gegenstände", die im Rahmen einer Lieferung übertragen werden können.

Fall 2

Der Handelsvertreter Meyer lässt einmal im Monat seinen BMW von der Autohaus GmbH waschen, polieren sowie eine Innenreinigung durchführen. Welche Leistung erbringt die Autohaus GmbH?

Sonstige Leistungen sind Leistungen, die keine Lieferungen sind (§ 3 Abs. 9 UStG). Sonstige Leistungen werden nach dem Gesetz demnach über eine Negativabgrenzung von den Lieferungen definiert, wie sich aus der folgenden Grafik ergibt.

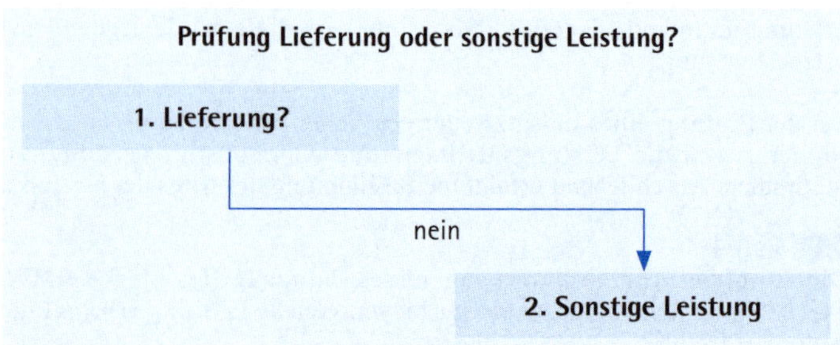

Mit der Reinigung des Fahrzeuges erbringt die Autohaus GmbH im Fall 2 keine Lieferung. Es liegt daher – über die Negativabgrenzung – eine sonstige Leistung gegenüber dem Handelsvertreter Meyer vor.

Sonstige Leistungen sind z.B. die Überlassung von Konstruktionszeichnungen und Pläne für technische Bauvorhaben, Überlassung von

Know-how, Überlassung von Fotografien, Überlassung von Individualsoftware, Überlassung von Standardsoftware auf elektronischem Wege (Verkauf auf Datenträger stellt eine Lieferung dar) oder die Herstellung von Kopien.

Eine Werkleistung liegt im Umkehrschluss zu einer Werklieferung vor, wenn der Unternehmer im Rahmen der Be- oder Verarbeitung eines Gegenstandes vom leistenden Unternehmer nur Stoffe verwendet, die als Nebensachen oder Zutaten gelten.

Bei einer Leistung, die sowohl Lieferungselemente als auch Elemente einer sonstigen Leistung enthält, richtet sich die Einstufung als Lieferung oder sonstige Leistung danach, welche Leistungselemente unter Berücksichtigung des Willens der Vertragsparteien den wirtschaftlichen Gehalt der Leistungen bestimmt. Dabei ist auf die sog. Sicht des „Durchschnittverbrauchers“ abzustellen.

Bei der Reparatur eines Fahrzeuges kann aus Vereinfachungsgründen von einer (Werk-)Lieferung ausgegangen werden, wenn der Entgeltsanteil, der auf das bei der Reparatur verwendete Material entfällt, mehr als 50 % des für die Reparatur berechneten Gesamtentgelts beträgt (Abschnitt 3.8 Abs. 6 UStAE).

Bei der Abgabe von Speisen und Getränken zum Verzehr an Ort und Stelle ist von keiner Lieferung, sondern einheitlich von einer sonstigen Leistung (die MwstSystRL spricht von einer Dienstleistung) auszugehen. Die Essenzubereitung oder auch die Beförderung von Speisen (z.B. Pizza-Taxi) führt noch nicht dazu, dass die Grenze für die Beurteilung als Lieferung überschritten ist. Erst wenn weitere Dienstleistungen dazukommen (z.B. Überlassung von Geschirr beim Catering) oder wenn die Speisen zum Verzehr an Ort und Stelle (mit Sitzgelegenheit) vorgesehen sind, liegt eine sonstige Leistung vor.

Praktische Bedeutung hat dies für die Bestimmung des Steuersatzes. Während die Lieferung von Speisen dem ermäßigten Steuersatz von 7 % unterliegt, ist die sonstige Leistung in Form eines Restaurationsumsatzes mit dem Regelsteuersatz von 19 % zu besteuern.

Einheitlichkeit der Leistungen

Fall 3

Die Computer GmbH aus Frankfurt verkauft eine Computeranlage an den Handelsvertreter Meyer mit Wohnort in Aschaffenburg. Der Kaufpreis beträgt 1.950 € zzgl. Umsatzsteuer. Für den Versand der Computeranlage berechnet die Computer GmbH zusätzlich 60 € zzgl. Umsatzsteuer. Welche und wie viele Leistungen erbringt die Computer GmbH?

Die Computer GmbH verschafft dem Handelsvertreter Meyer die Verfügungsmacht an der Computeranlage. Es liegt daher eine Lieferung vor.

Bei dem Versand der Computeranlage handelt es sich jedoch nicht um einen weiteren Leistungsgegenstand, sondern um eine Nebenleistung.

Eine Leistung ist dann als Nebenleistung zu einer Hauptleistung anzusehen, wenn sie im Vergleich zu einer Hauptleistung nebensächlich ist, mit ihr eng – im Sinne einer wirtschaftlich gerechtfertigten Abrundung und Ergänzung – zusammenhängt und üblicherweise in ihrem Gefolge vorkommt. Von einer Nebenleistung kann ausgegangen werden, wenn die Leistung für den Leistungsempfänger keinen eigenen Zweck, sondern das Mittel darstellt, um die Hauptleistung in Anspruch zu nehmen.

Leitsatz 2

Nebenleistungen

Nebenleistungen teilen umsatzsteuerrechtlich das **Schicksal der Hauptleistung**.

Nebenleistungen teilen umsatzsteuerrechtlich das Schicksal der Hauptleistung. Das gilt auch dann, wenn für die Nebenleistung ein besonderes Entgelt vereinbart wurde. Ist eine Lieferung steuerfrei, so erstreckt sich die Steuerbefreiung auch auf das Entgelt für die Frachtkosten.

Im Fall 3 stellt der Versand der Computeranlage eine Nebenleistung dar, da dieser Versand nur dazu dient, den Liefergegenstand zum Leistungsempfänger zu transportieren. Der Versand hat keinen eigenen Zweck. Die

Computer GmbH erbringt damit eine Lieferung inklusive einer unselbständigen Nebenleistung in Form des Versands.

Fall 4

Die Book GmbH aus Bad Hersfeld liefert an den Handelsvertreter Meyer ein Buch im Wert von 35 €. Für den Versand des Buchs berechnet die Book GmbH zusätzlich 6 €. Handelt es sich bei dem Versand des Buchs um eine Nebenleistung?

Der Versand hat für den Handelsvertreter Meyer keinen eigenen Zweck. Die Versandkosten von 6 € teilen daher als Nebenleistung das umsatzsteuerrechtliche Schicksal der Hauptleistung. Der Steuersatz für die Lieferung (Verschaffung der Verfügungsmacht) von Büchern beträgt 7 %. Die Versandkosten unterliegen als Nebenleistung ebenfalls dem Steuersatz von 7 %.

Von den **Nebenleistungen abzugrenzen** sind mehrere getrennt zu beurteilende selbständige Einzelleistungen. Ob eine einheitliche Leistung oder **mehrere selbständige Leistungen** vorliegen, ist ebenfalls aus der Sicht eines Durchschnittverbrauchers zu beurteilen. Die Beurteilung ist z.B. für die spätere Bestimmung des Steuersatzes, für die Frage der Steuerentstehung oder für die Prüfung eines Befreiungstatbestandes erforderlich.

Fall 5

Ein Schüler kauft im Schreibwareneck ein Fachbuch und eine Einbandfolie für das Buch. Handelt es sich bei der Einbandfolie um eine Nebenleistung oder ist eine selbstständige Hauptleistung anzunehmen?

Das Fachbuch und die Einbandfolie stellen jeweils **selbständige Liefergegenstände** dar. Aus Sicht des Durchschnittverbrauchers möchte der Schüler das Buch und zum Schutz des Buches zusätzlich eine Einbandfolie erwerben. Die Lieferung des Buches und die Lieferung der Einbandfolie sind daher selbständig zu beurteilen, was in diesem Fall Auswirkungen auf den Steuersatz hat. Wie wir noch sehen werden, unterliegt der Verkauf eines Buches dem ermäßigten 7 %igen Steuersatz, während die Einbandfolie dem Regelsteuersatz von 19 % unterliegt. Wäre die Einbandfolie nur als Nebenleistung zu beurteilen gewesen, dann hätte diese ebenfalls dem 7 %igen Steuersatz unterlegen.

Weitere Beispiele: Die Vermietung von Grundstücken und die Dienstleistung der Reinigung sind jeweils selbständige Leistungen und damit voneinander trennbare Umsätze. Die Dienstleistung der Reinigung wird daher nicht von der Steuerbefreiung für Grundstücksvermietungen erfasst (EuGH-Urteil vom 11.06.2009, DStR 2009 S. 1260). Andererseits wurde die Lieferung von Strom als Nebenleistung bei der langfristigen Vermietung von Campingflächen beurteilt (BFH-Urteil vom 15.1.2009, DStRE 2009, 615).

Diese Beispiele zeigen, wie schwierig die Beurteilung ist und dass diese häufig erst im Rahmen von Finanzgerichtsprozesse geklärt werden können. In Zweifelsfragen bietet sich dem Unternehmer die Möglichkeit, eine verbindliche (aber auch ggf. kostenpflichtige) Auskunft beim Finanzamt einzuholen.

Lektion 2: Leistungsaustausch

Eine Leistung unterliegt nur dann der Umsatzsteuer, wenn diese „gegen Entgelt" ausgeführt wird. Man spricht hierbei vom Leistungsaustausch.

Fall 6

Die Autohaus GmbH liefert ein neues Fahrzeug der Marke BMW, Typ 530, an den Handelsvertreter Meyer. Der vereinbarte Kaufpreis beträgt 60.000 €. Liegt ein Leistungsaustausch vor?

Ein Leistungsaustausch setzt voraus, dass

- Leistender und Leistungsempfänger vorhanden sind und
- der Leistung eine Gegenleistung (das Entgelt) gegenübersteht.

Leistung und Gegenleistung müssen in einem wechselseitigen Zusammenhang stehen; siehe nachfolgende Grafik. Ein Leistungsaustausch liegt nur vor, wenn sich die Leistung auf den Erhalt einer Gegenleistung richtet und damit die gewollte, erwartete oder erwartbare Gegenleistung auslöst, so dass schließlich die wechselseitig erbrachten Leistungen miteinander innerlich verbunden sind.

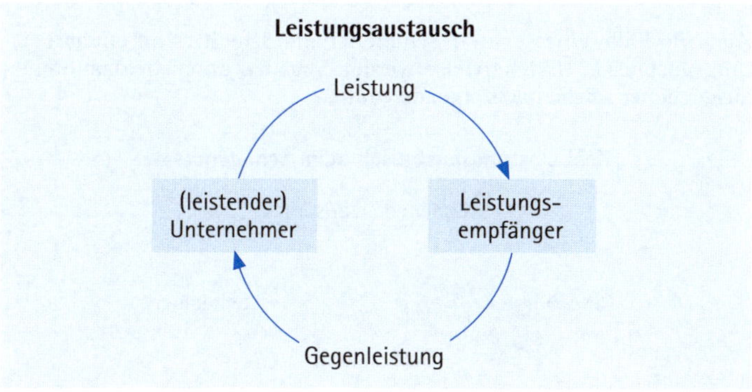

Im Fall 6 verkauft die Autohaus GmbH das Fahrzeug um des Entgelts willen. Der Handelsvertreter Meyer zahlt den Kaufpreis um der Leistung willen, nämlich um das Fahrzeug zu erhalten. Der Lieferung des Fahrzeuges steht demnach der Erhalt des Kaufpreises als Gegenleistung gegenüber. Der wechselseitige Zusammenhang und damit der Leistungsaustausch sind gegeben. Die Lieferung des Fahrzeuges erfolgt daher gegen Entgelt.

Fall 7

Die Brauhaus GmbH betreibt in Aschaffenburg eine Gaststätte und eine eigene Metzgerei. Die Metzgerei liefert täglich Wurstwaren und Fleisch an die Gaststätte, die diese im Rahmen ihres Gastronomiebetriebes zubereitet an die Kunden verkauft. Erfolgt die Verbringung der Wurstwaren und des Fleisches von der Metzgerei an die Gaststätte im Rahmen eines Leistungsaustausches?

In diesem Fall ist nur die Brauhaus GmbH beteiligt. Für einen Leistungsaustausch fehlt es an dem Leistungsempfänger. Leistungen innerhalb eines Unternehmens werden als nicht steuerbare Innenumsätze bezeichnet. Es handelt sich um ein rechtsgeschäftsloses Verbringen von einem Unternehmensteil (hier: Metzgerei) in einen anderen Unternehmensteil (hier: Gaststätte). „Rechtsgeschäftslos" deshalb, weil der Lieferung kein Rechtsgeschäft (hier: Kaufvertrag) zu Grunde liegt.

Auch im Falle eines echten Schadenersatzes fehlt es an einem Leistungsaustausch. Üblicherweise werden Schäden durch Geldzahlungen ausgeglichen; siehe nachfolgende Grafik.

Kein Leistungsaustausch beim Schadenersatz

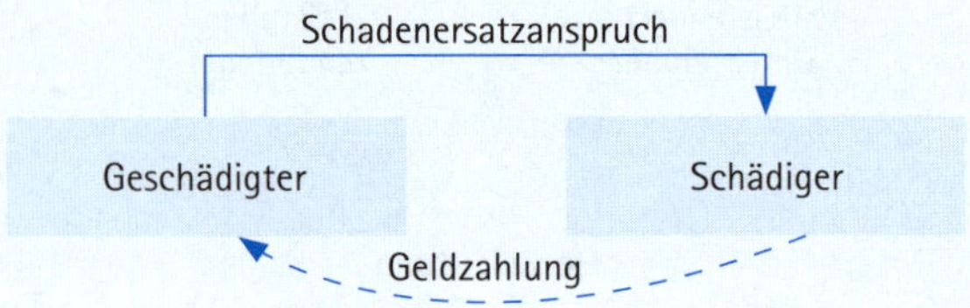

Fall 8

Die Brauhaus GmbH erhält (von der Versicherung) von Herrn Schnell einen Scheck über 12.500 €, weil Herr Schnell aufgrund der starken Regenfälle mit seinem Fahrzeug von der Straße abgekommen und durch den Biergarten geschossen ist. Dabei wurden Stühle und Tische zerstört; glücklicherweise wurden keine Personen verletzt. Liegt ein Leistungsaustausch vor?

Schadenersatz wird nicht geleistet, weil der Schädiger eine Leistung (Lieferung oder sonstige Leistung) vom Geschädigten erhalten hat, sondern weil er nach Gesetz oder Vertrag für den Schaden und seine Folgen einzustehen hat.

Die Brauhaus GmbH erhält im Fall 8 von Herrn Schnell bzw. seiner Versicherung nicht den Betrag von 12.500 €, weil diese gegenüber Herrn Schnell eine Leistung (Lieferung oder sonstige Leistung) ausgeführt hat. Herr Schnell ist nach § 823 BGB verpflichtet, den durch ihn verursachten Schaden auszugleichen. Die Zahlung erfolgt nicht um einer Leistung willen. Ein Leistungsaustausch liegt nicht vor. Es handelt sich um einen nicht steuerbaren Umsatz; die Brauhaus GmbH muss von dem Betrag keine Umsatzsteuer an das Finanzamt abführen.

Anders verhält es sich, wenn der Geschädigte im Auftrag des Schädigers einen ihm zugefügten Schaden selbst beseitigt. In diesem Fall ist die Schadenersatzleistung als Entgelt im Rahmen eines Leistungsaustausches anzusehen (BFH-Urteil vom 11.03.1965, BStBl. 1965 III S. 303).

Fall 9

Herr Schnell hat nicht nur die Biergarteneinrichtung der Brauhaus GmbH zerstört, sondern auch ein Fahrzeug der Autohaus GmbH beschädigt. Herr Schnell beauftragt daher die Autohaus GmbH, das eigene beschädigte Fahrzeug der Autohaus GmbH zu reparieren. Herr Schnell hat für die Reparatur des Fahrzeuges einen Betrag von 3.200 € an die Autohaus GmbH zu zahlen. Liegt ein Leistungsaustausch vor?

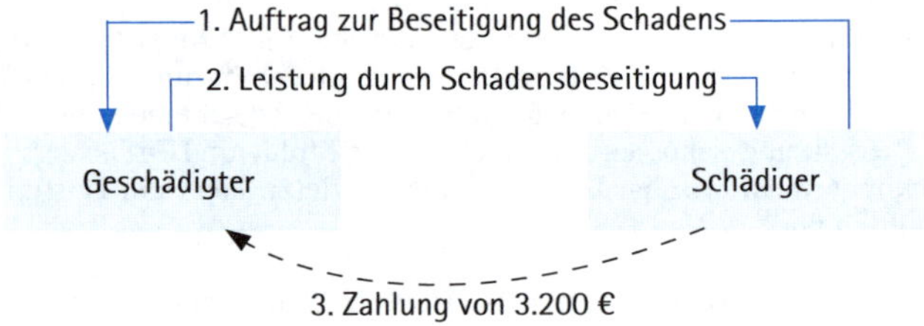

Herr Schnell hat nunmehr den Betrag aufgrund seines Auftrages zur Reparatur des Fahrzeuges an die Autohaus GmbH zu zahlen und nicht mehr wegen des eingetretenen Schadens. Die Zahlung steht daher im wechselseitigen Zusammenhang mit dem Auftrag bzw. der Reparatur des Fahrzeuges, so dass ein Leistungsaustausch vorliegt.

Schadenersatzcharakter haben auch Vertragsstrafen, die wegen Nichterfüllung oder wegen nicht gehöriger Erfüllung (§§ 340, 341 BGB) geleistet werden. Schadenersatz liegt auch vor, wenn ein Unternehmer die Kosten eines gerichtlichen Mahnverfahrens, Mahngebühren oder Mahnkosten erhält. Gleiches gilt für Verzugszinsen, Fälligkeitszinsen oder Prozesszinsen. Ein Leistungsaustausch ist in diesen Fällen nicht gegeben.

Lektion 3: Inland – Ausland

Fall 10

Der taiwanische Telefonhersteller HTU Inc. befindet sich im März auf der Computermesse CEBIT in Hannover als Aussteller. Dem Geschäftsführer der chinesischen Ausstellerfirma Xing You, welche auf dem Nachbarstand ausstellt, wird das Handy gestohlen. Die HTU Inc. verkauft der Firma Xing You ein Gerät aus der neusten Modellserie für 1.000 €. Unterliegt der Verkauf des Telefons durch den Telefonhersteller HTU der deutschen Umsatzsteuer?

Der deutschen Umsatzsteuer unterliegen nur Umsätze, die im Inland ausgeführt werden. Wird ein Umsatz im Inland ausgeführt, so kommt es für die Besteuerung nicht darauf an, ob der Unternehmer deutscher Staatsangehöriger ist, seinen Wohnsitz oder Sitz im Inland hat, im Inland eine Betriebsstätte unterhält, die Rechnung erteilt oder die Zahlung empfängt (§ 1 Abs. 2 Satz 3 UStG).

Leitsatz 3

Nur Umsätze im Inland sind steuerbar

Nur wenn ein Umsatz **im Inland ausgeführt** gilt, unterliegt dieser Umsatz der deutschen Umsatzsteuer.

Inland im Sinne des Umsatzsteuergesetzes ist grundsätzlich das Gebiet der Bundesrepublik Deutschland.

Vom Inlandsgebiet ausgenommen sind:

- das Zollausschlussgebiet Büsingen (an der Grenze zur Schweiz)
- die Insel Helgoland
- die Freizonen des Kontrolltyps I nach § 1 Abs. 1 Satz 1 des Zollverwaltungsgesetztes (Freihafen)
- die Gewässer und Watten zwischen der Hoheitsgrenze und der jeweiligen Strandlinie

- deutsche Schiffe und deutsche Luftfahrzeuge in Gebieten, die zu keinem Zolllager gehören (§ 1 Abs. 2 UStG)

Ausland ist das Gebiet, das danach kein Inland ist.

Die Beurteilung, ob ein Umsatz im Inland ausgeführt wird, ist eine für die Theorie und Praxis große Herausforderung, wenn nicht sogar die schwierigste Aufgabe, die das Umsatzsteuerrecht von seinem Anwender fordert. Abhängig von der Art der Leistung (Lieferung oder sonstige Leistung) enthält das Umsatzsteuergesetz in den §§ 3, 3a bis 3g UStG Regelungen über die umsatzsteuerrechtliche Bestimmung des Ortes der Leistung. Diese Regelungen werden wir in den nachfolgenden Lektionen betrachten.

Wie wir noch sehen werden, befindet sich der Ort der Lieferung des Handys im Fall 10 nach § 3 Abs. 7 UStG in Hannover und damit im Inland. Ohne Bedeutung ist, dass Leistender und Leitungsempfänger im Ausland ansässige Unternehmen sind und sich im Inland nur für Messezwecke aufhalten. Der Umsatz ist steuerbar und unterliegt der deutschen Umsatzsteuer.

Hinweis: *Soweit die Theorie! Denn es ist in der Praxis zu bezweifeln, dass die HTU Inc. ihren Umsatz aus dem Verkauf des Handys beim deutschen Finanzamt anmelden wird. Fiskalisch entsteht hier aber kein Schaden, wenn das Handy von einem Unternehmer für sein Unternehmen erworben wird, denn der Unternehmer würde die Umsatzsteuer als Vorsteuer erstattet bekommen. Wird das Handy allerdings von der HTU Inc. an eine Privatperson verkauft, dann verliert der Fiskus seine Einnahme. Aber er kennt sie nicht und wird sie auch nie kennenlernen ☺.*

Nur Umsätze, die im Inland ausgeführt werden, sind in Deutschland steuerbar. Die Besteuerung der Umsätze, die im Ausland ausgeführt werden, sind nach den dortigen Vorschriften zu beurteilen. Das hat zur Folge, dass sich ein deutscher Unternehmer über die Umsatzsteuerregelungen im Ausland, z.B. Frankreich, Amerika oder China informieren muss, wenn er dort Umsätze ausführt.

Neben den Begriffen Inland und Ausland verwendet das Umsatzsteuergesetz auch die Begriffe Gemeinschaftsgebiet, übriges Gemeinschaftsgebiet und Drittlandsgebiet.

Das Gemeinschaftsgebiet umfasst das Inland und die Gebiete der übrigen Mitgliedstaaten der Europäischen Gemeinschaft, die nach dem Gemeinschaftsrecht als Inland dieser Mitgliedstaaten gelten (übriges Gemeinschaftsgebiet).

Zum übrigen Gemeinschaftsgebiet gehören:

- Belgien
- Bulgarien (seit 1.1.2007)
- Dänemark (ohne Grönland und die Färöer)
- Estland (seit 1.5.2004)
- Finnland (ohne die Åland-Inseln)
- Frankreich (ohne die überseeischen Departements Guadeloupe, Guyane, Martinique, Mayotte, La Réunion, Saint-Barthélemy und Saint-Martin) zzgl. des Fürstentums Monaco
- Griechenland (ohne Berg Athos)
- Irland
- Italien (ohne Livigno, Campione d'Italia, San Marino und den zum italienischen Hoheitsgebiet gehörenden Teil des Luganer Sees)
- Kroatien (seit 1.7.2013)
- Lettland (seit 1.5.2004)
- Litauen (seit 1.5.2004)
- Luxemburg
- Malta (seit 1.5.2004)
- Niederlande (ohne die überseeischen Gebiete Aruba und Niederländische Antillen)

Übersicht 1: Umsatzsteuerrechtliches Gemeinschaftsgebiet

■ = Inland

■ = übriges Gemeinschaftsgebiet

- Österreich
- Polen (seit 1.5.2004)
- Portugal (einschließlich Madeira und den Azoren)
- Rumänien (seit 1.1.2007)
- Schweden
- Slowakei (seit 1.5.2004)
- Slowenien (seit 1.5.2004)
- Spanien (einschließlich Balearen, ohne Kanarische Inseln, Ceuta und Melilla)
- Tschechische Republik (seit 1.5.2004)
- Ungarn (seit 1.5.2004)
- Vereinigtes Königreich und Nordirland (ohne die überseeischen Länder und Gebiete, die Selbstverwaltungsgebiete der Kanalinseln Jersey und Guernsey) zzgl. der Insel Man
- Zypern (ohne den türkisch besetzten Teil; einschließlich der britischen Hoheitszonen)

Drittlandsgebiet ist das Gebiet, das nicht Gemeinschaftsgebiet ist (§ 1 Abs. 2a Satz 3 UStG); z.B.

- Schweiz
- China
- USA

und der Rest der Welt.

Lektion 4: Ort der Lieferungen

Nur Lieferungen, die im Inland ausgeführt werden, unterliegen dem deutschen Umsatzsteuerrecht. Lieferungen gelten im Inland als ausgeführt, wenn der Ort der Lieferung nach den Regelungen des Umsatzsteuergesetzes in § 3 Abs. 6 bis 8 UStG im Inland zu bestimmen ist.

Leitsatz 4

Steuerbarkeit von Lieferungen

Nur Lieferungen im **Inland** sind steuerbar.

Bei der Bestimmung des Ortes der Lieferung sind, wie die Übersicht 2 zeigt, unterschiedliche Lieferungsarten zu berücksichtigen.

Übersicht 2: Ort der Lieferungen

Ortsbestimmung

- Beförderungs-/Versendungslieferung
- Lieferung aus dem Drittlandsgebiet
- ruhende Lieferungen beim Reihengeschäft
- Lieferung ohne Bewegung
- Versandhandel

Beförderungs- und Versendungslieferungen

Fall 11

Die SHR Maschinenbau GmbH aus Aschaffenburg liefert an die Aude S.A.R.L. in Paris (franz. GmbH) eine Schweißzelle. Die Lieferung erfolgt mit dem einem eigenen Lkw der SHR Maschinenbau GmbH von Aschaffenburg nach Paris (Frankreich). Wo befindet sich der Ort der Lieferung?

Nach § 3 Abs. 6 UStG gelten Lieferungen grundsätzlich dort ausgeführt, wo die Beförderung oder Versendung an den Abnehmer beginnt.

Eine Beförderungslieferung liegt vor, wenn der liefernde Unternehmer, der Abnehmer oder ein unselbständiger Erfüllungsgehilfe (des liefernden Unternehmers oder Abnehmers) den Gegenstand der Lieferung befördert. Die Bewegung des Gegenstandes innerhalb des Unternehmens stellt lediglich die Vorbereitung des Transportes und noch keine Beförderung dar. Die Beförderung beginnt mit der Fortbewegung des Liefergegenstandes zum Abnehmer.

Eine Versendungslieferung setzt voraus, dass der Gegenstand an den Abnehmer versendet wird, d.h. der Transport wird durch einen selbständigen Beauftragten ausgeführt. Die Versendung beginnt mit der Übergabe des Gegenstandes an den selbständigen Beauftragten.

Die Bestimmung des Ortes erfolgt bei der Beförderungs- oder Versendungslieferung unabhängig davon, ob die Lieferung durch den leistenden Unternehmer oder durch den Abnehmer erfolgt.

Im Fall 11 hat die SHR Maschinenbau GmbH die Schweißzelle mit einem eigenen Fahrzeug zum Abnehmer befördert. Es liegt eine Beförderungslieferung vor. Der Ort der Lieferung ist bei Beginn der Beförderung in Aschaffenburg und damit im Inland zu bestimmen. Die Lieferung ist steuerbar.

Fall 12

Die SHR Maschinenbau GmbH aus Aschaffenburg liefert an die Fiot AG, Italien, ebenfalls eine Schweißzelle. Nachdem sich der eigene Lkw auf dem Weg nach Paris befindet, beauftragt die SHR Maschinenbau GmbH die Spedition elax mit dem Transport der Maschine. Die Firma elax lädt die Maschine in den Hallen der SHR Maschinenbau GmbH in Aschaffenburg auf und transportiert diese nach Italien. Wo befindet sich der Ort der Lieferung?

Der Gegenstand der Lieferung wird nicht durch den leistenden Unternehmer oder den Abnehmer bzw. oder deren unselbständigen Erfüllungsgehilfen (Angestellte) befördert. Eine Beförderungslieferung liegt daher nicht vor.

Eine Versendungslieferung liegt vor, wenn der Gegenstand an den Abnehmer durch einen selbständigen Beauftragten transportiert wird. Die Versendung beginnt mit der Übergabe des Gegenstandes an den selbständigen Beauftragten.

Im Fall 12 wird der Gegenstand der Lieferung, die Schweißzelle, durch die Firma elax, einem selbständigen Beauftragten, von Aschaffenburg nach Italien transportiert. Es liegt eine Versendungslieferung vor. Der Ort der Lieferung bestimmt sich nach der Übergabe des Liefergegenstandes an den selbstständigen Beauftragten und befindet sich in Aschaffenburg und damit im Inland. Die Lieferung ist steuerbar.

Fall 13

Auch die Seot AG aus Spanien möchte eine Schweißzelle von der SHR Maschinenbau GmbH aus Aschaffenburg. Vereinbarungsgemäß transportiert die SHR Maschinenbau GmbH die Maschine nach Frankfurt, wo diese dann von der Firma elax zum Weitertransport übernommen wird. Liegt eine Beförderungs- oder eine Versendungslieferung vor, und wo befindet sich der Ort der Lieferung?

Beim Transport des Liefergegenstandes durch Befördern und Versenden oder durch mehrere hintereinander geschaltete Versendungen kommt es auf den Beginn der ersten Beförderung oder der ersten Versendung an. Man spricht von einer gebrochenen Beförderungs- oder Versendungslieferung.

Die an die Seot AG gelieferte Schweißzelle wird die erste Wegstrecke von der SHR Maschinenbau GmbH befördert, die zweite Wegstrecke wird durch die Firma elax, einem selbständigen Beauftragten, versendet. Es liegt eine gebrochene Beförderungs- oder Versendungslieferung vor. Der Ort der Lieferung bestimmt sich nach dem Beginn der ersten Beförderung und befindet sich damit in Aschaffenburg.

Bei einer Beförderungslieferung oder Versendungslieferung muss der Leistungsempfänger bei Beginn der Beförderung oder Versendung feststehen. Fährt ein Frankfurter Antiquitätenhändler zu einem Antiquitätenmarkt nach Wien, um Teile auszustellen und zu verkaufen, so bestimmt sich der Ort der Lieferung nicht am Ort des Beginns des Transportes in Frankfurt. Der Ort ist der Lieferung ist in Wien zu bestimmen, nachdem der Händler mit seinen Kunden handelseinig wurde. Die Lieferung unterliegt daher nicht dem deutschen sondern dem österreichischen Umsatzsteuerrecht.

Import aus dem Drittland

Fall 14

Die Ford AG aus Köln erhält von einem amerikanischen Maschinenhersteller Back Inc. einen Roboter für die Fertigung. Die Firma Back Inc. lässt die Maschine per Luftfracht nach Köln transportieren. In Köln wird die Maschine zum freien Verkehr abgefertigt. Schuldner der Einfuhrumsatzsteuer ist die Firma Back Inc. Wo befindet sich der Ort der Lieferung?

Bei Beförderungslieferungen oder Versendungslieferungen ist der Ort der Lieferung grundsätzlich dort, wo die Beförderung oder Versendung an den Abnehmer beginnt (§ 3 Abs. 6 UStG).

Gelangt jedoch der Gegenstand der Lieferung bei der Beförderung oder Versendung aus dem Drittlandsgebiet in das Inland, gilt der Ort der Lieferung des Gegenstandes als im Inland gelegen. Voraussetzung ist, dass der Lieferer Schuldner der bei der Einfuhr in das Inland oder EG-Gebiet entstehenden (Einfuhr-)Umsatzsteuer ist (§ 3 Abs. 8 UStG).

Beförderungs- und Versendungslieferungen, deren Ort sonst bei Beginn der Beförderung oder Versendung zu bestimmen ist, sind in solchen Fällen als im Inland ausgeführt zu behandeln.

Unabhängig von den Lieferkonditionen ist maßgeblich, wer nach den zollrechtlichen Vorschriften Schuldner der Einfuhrumsatzsteuer ist.

Im Fall 14 wurde der Gegenstand der Lieferung von der Back Inc. durch einen selbständigen Beauftragten versendet (= Versendungslieferung). Der Ort bestimmt sich bei einer Versendungslieferung grundsätzlich nach dem Ort, an dem der Gegenstand dem selbständigen Beauftragten übergeben wird. Nachdem die Back Inc. jedoch Schuldner der bei der Einfuhr entstehenden Einfuhrumsatzsteuer ist, ist die Lieferung nach § 3 Abs. 8 UStG als im Inland ausgeführt zu behandeln. Die Lieferung der Maschine von dem im Drittland ansässigen Hersteller Back Inc. an die Ford AG ist daher steuerbar. Die Back Inc. hat den Umsatz beim deutschen Fiskus zu erklären und kann die bei der Einfuhr entstehende Einfuhrumsatzsteuer verrechnen.

Reihengeschäfte

Fall 15

Die Audi AG aus Ingolstadt benötigt einen Schweißarm und bestellt diesen bei der SHR Maschinenbau GmbH. Nachdem die SHR Maschinenbau GmbH diesen nicht vorrätig hat, bestellt sie diesen beim Hersteller, der Polax GmbH, aus Dänemark. Die Lieferung des Schweißarms erfolgt durch den Hersteller aus Dänemark direkt an die Audi AG. Wo befinden sich die Orte der Lieferungen?

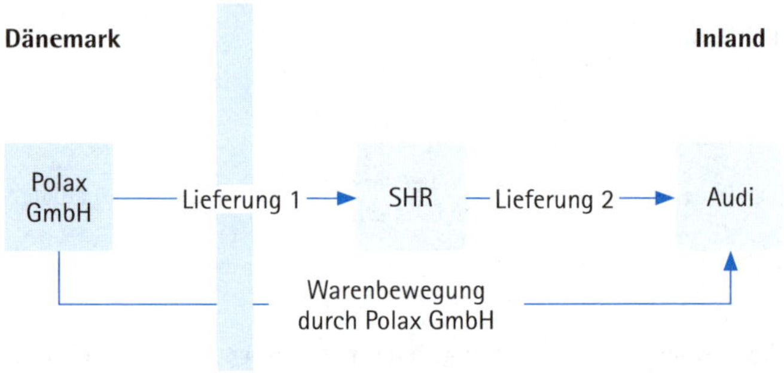

Bei einem Reihengeschäft werden im Rahmen einer Warenbewegung mehrere Lieferungen ausgeführt, die in Bezug auf den Lieferort jeweils gesondert betrachtet werden müssen.

Bei einem Reihengeschäft haben wir also:

- eine Warenbewegung (einen Warentransport) und
- zwei oder mehrere Lieferungen.

Nachdem es nur eine physische Warenbewegung gibt, aber mehrere Lieferungen, muss die Warenbewegung einer der Lieferungen zugeordnet werden. Die Lieferung, der die Warenbewegung zugeordnet wird, ist die Beförderungs- oder Versendungslieferung und wird im Rahmen des Reihengeschäftes als bewegte Lieferung bezeichnet.

Der Ort der bewegten Lieferung gilt nach dem Grundsatz dort als ausgeführt, wo die Beförderung oder Versendung an den Abnehmer beginnt. Insoweit ergibt sich für ein Reihengeschäft keine Abweichung gegenüber einer normalen Lieferung.

Die andere umsatzsteuerrechtliche Lieferung – ohne zugeordnete Warenbewegung – ist die sog. ruhende Lieferung. Bei dieser findet keine Beförderung oder Versendung statt. Die ruhende Lieferung kann der bewegten Lieferung vorangehen oder nachfolgen. Die beiden Arten der Lieferungen im Rahmen eines Reihengeschäfts werden in der folgenden Übersicht 3 nochmals dargestellt.

Übersicht 3: Lieferungen beim Reihengeschäft

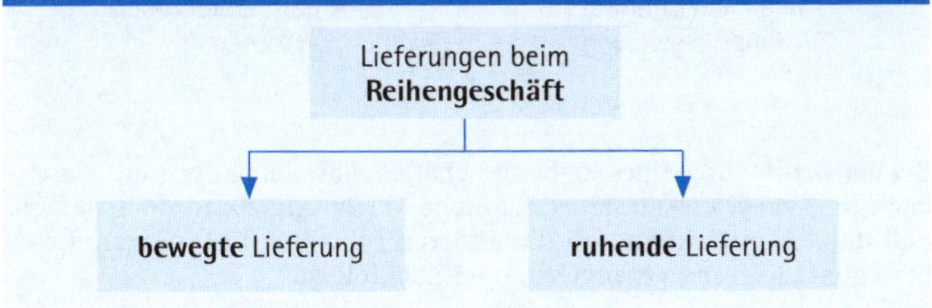

Hinweis: *Bei ruhenden Lieferungen – d.h. ohne Warenbewegung – können keine Steuerbefreiungen für Ausfuhrlieferungen oder innergemeinschaftliche Lieferung gewährt werden. Wie wir im Abschnitt Exportgeschäfte*

noch sehen werden, setzen die Steuerbefreiungen eine Beförderung oder Versendung eines Gegenstandes voraus.

Ruhende Lieferungen, die der bewegten Lieferung vorangehen, gelten an dem Ort als ausgeführt, an dem die Beförderung oder Versendung beginnt (§ 3 Abs. 7 Satz 2 Nr. 1 UStG).

Ruhende Lieferungen, die der bewegten Lieferung nachfolgen, gelten an dem Ort als ausgeführt, an dem die Beförderung oder Versendung des Gegenstandes endet (§ 3 Abs. 7 Satz 2 Nr. 2 UStG); siehe folgende Übersicht 4.

Übersicht 4: Ortsbestimmung bei ruhenden Lieferungen

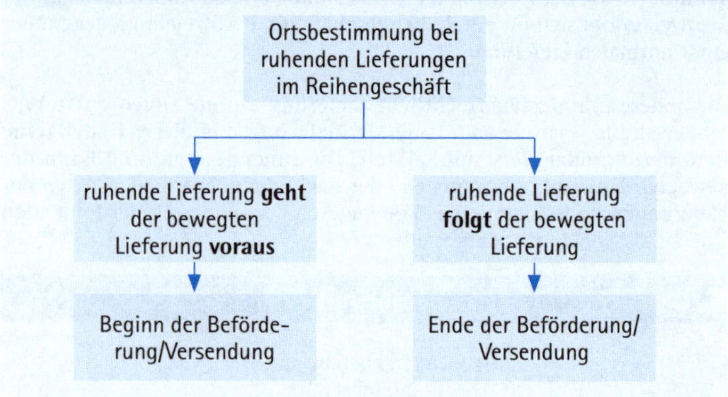

Bei der Beurteilung eines Reihengeschäftes muss immer erst die Warenbewegung einer umsatzsteuerrechtlichen Lieferung zugeordnet werden. Erst danach ist bekannt, ob die anderen ruhenden Lieferungen dieser bewegten Lieferung vorangehen oder nachfolgen.

Die Zuordnung der Warenbewegung zu einer Lieferung ist davon abhängig, ob der Gegenstand der Lieferung durch den ersten Unternehmer, den letzten Unternehmer oder einem mittleren Unternehmer in der Reihe befördert oder versendet wird. Die Zuordnungsentscheidung muss einheitlich für alle Beteiligten getroffen werden (Abschnitt 3.14 Abs. 7 UStAE).

Wird der Gegenstand der Lieferung durch den ersten Unternehmer in der Reihe befördert oder versendet, ist seiner Lieferung die Beförderung oder Versendung zuzurechnen (Abschnitt 3.14 Abs. 8 Satz 1 UStAE).

Im Fall 15 liegt ein Reihengeschäft vor, da mehrere Unternehmer (Polax GmbH, SHR Maschinenbau GmbH und die Audi AG) über denselben Gegenstand (Schweißarm) ein Umsatzgeschäft abgeschlossen haben. Die Warenlieferung des Schweißarms wurde von der Polax GmbH ausgeführt und erfolgte direkt von dem ersten Lieferer (Polax GmbH) an den letzten Abnehmer (Audi AG). Die Warenbewegung ist daher der umsatzsteuerrechtlichen Lieferung zwischen der Polax GmbH und der SHR Maschinenbau GmbH zuzuordnen. Es handelt sich um die sog. bewegte Lieferung. Der Ort der bewegten Lieferung/Versendungslieferung befindet sich am Ort des Beginns des Versands und ist in Dänemark zu bestimmen. Die Lieferung ist nicht steuerbar.

Bei der umsatzsteuerrechtlichen Lieferung zwischen der SHR Maschinenbau GmbH und der Audi AG handelt es sich um die sog. ruhende Lieferung. Diese ruhende Lieferung folgt der bewegten Lieferung nach. Der Ort der ruhenden Lieferung ist dort zu bestimmen, wo die Beförderung oder Versendung des Gegenstandes endete. Der Ort ist daher in Ingolstadt und damit im Inland zu bestimmen. Die Lieferung der SHR Maschinenbau GmbH an die Audi AG ist steuerbar.

Fall 16

Die Audi AG aus Ingolstadt benötigt einen Schweißarm und bestellt diesen bei der SHR Maschinenbau GmbH. Nachdem die SHR Maschinenbau GmbH diesen nicht vorrätig hat, bestellt sie diesen beim Hersteller, der Polax GmbH, aus Dänemark. Abweichend von Fall 15 wird der Schweißarm aber nicht von dem Hersteller versendet. Die Audi AG (= letzter Abnehmer) lässt den Schweißarm von einem Spediteur in Dänemark abholen. Wo befinden sich die Orte der Lieferungen?

Hierzu eine Grafik:

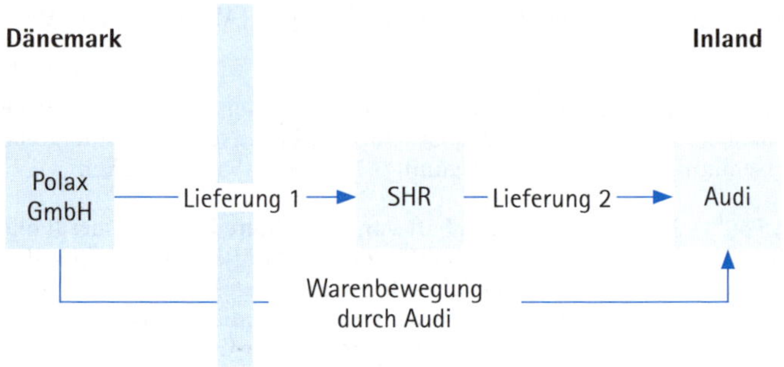

Wie bereits ausgeführt, ist die Zuordnung der Warenbewegung zu einer Lieferung davon abhängig, ob der Gegenstand der Lieferung durch den ersten Unternehmer, den letzten Unternehmer oder einen mittleren Unternehmer in der Reihe befördert oder versendet wird. Die Zuordnungsentscheidung muss einheitlich für alle Beteiligten getroffen werden (Abschnitt 3.14 Abs. 7 UStAE).

Wird der Gegenstand durch den letzten Abnehmer befördert oder versendet, ist die Warenbewegung, d.h. die Beförderung oder Versendung, der Lieferung des letzten Lieferers in der Reihe zuzuordnen (Abschnitt 3.14 Abs. 8 Satz 2 UStAE).

Im Fall 16 liegt ein Reihengeschäft vor, da mehrere Unternehmer (Polax GmbH, SHR Maschinenbau GmbH und die Audi AG) über denselben Gegenstand (Schweißarm) ein Umsatzgeschäft abgeschlossen haben. Da der Gegenstand der Lieferung (Schweißarm) von der Audi AG – als letztem Abnehmer – versandt wurde, ist die Warenbewegung der Lieferung von der SHR Maschinenbau GmbH an die Audi AG zuzuordnen. Der Ort der Lieferung 2 ist bei Beginn der Warenbewegung in Dänemark zu bestimmen. Bei der Lieferung 1 handelt es sich um eine ruhende Lieferung, die der bewegten Lieferung vorangeht. Der Ort ist ebenfalls nach dem Ort des Beginns der Versendung in Dänemark zu bestimmen (§ 3 Abs. 7 Satz 2 Nr. 1 UStG). Die Lieferung 1 und die Lieferung 2 sind nicht im Inland ausgeführt und daher nicht steuerbar.

Fall 17

Die Audi AG aus Ingolstadt benötigt einen Schweißarm und bestellt diesen bei der SHR Maschinenbau GmbH. Nachdem die SHR Maschinenbau GmbH diesen nicht vorrätig hat, bestellt sie diesen beim Hersteller, der Polax GmbH aus Dänemark. Die SHR Maschinenbau GmbH (= mittlerer Unternehmer) lässt den Schweißarm durch einen eigenen Mitarbeiter nebst Fahrzeug von Dänemark nach Ingolstadt transportieren. Wo befinden sich die Orte der Lieferungen?

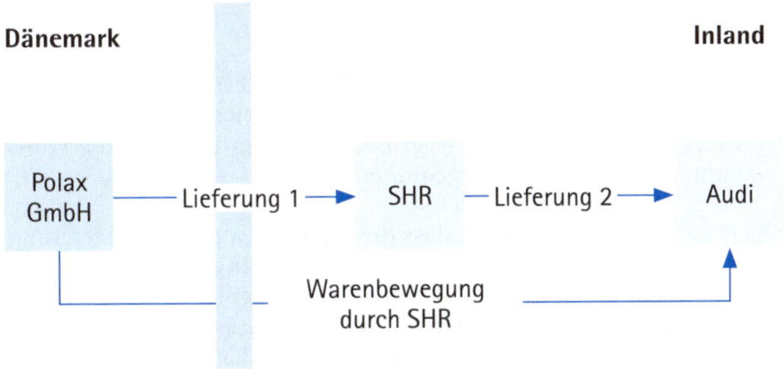

Befördert oder versendet ein mittlerer Unternehmer, ist dieser gleichzeitig Abnehmer und Lieferer. In diesem Fall ist die Beförderung oder Versendung grundsätzlich der Lieferung des vorangegangenen Unternehmers zuzuordnen; also der Lieferung, in der der mittlere Unternehmer der Abnehmer ist (widerlegbare Vermutung). Weist der mittlere Unternehmer nach, dass er die Beförderung oder Versendung als Lieferer durchgeführt hat, so kann die Warenbewegung auch seiner Lieferung zugeordnet werden (Abschnitt 3.14 Abs. 9 UStAE).

Im Fall 17 liegt ein Reihengeschäft vor, da mehrere Unternehmer (Polax GmbH, SHR Maschinenbau GmbH und die Audi AG) über denselben Gegenstand (Schweißarm) ein Umsatzgeschäft abgeschlossen haben. Der Gegenstand der Lieferung wurde durch die SHR Maschinenbau GmbH, dem mittleren Unternehmer, befördert. Die Warenbewegung ist grundsätzlich der Lieferung an ihn zuzuordnen. Die Lieferung 1 (von Hersteller an die SHR Maschinenbau GmbH) ist damit die bewegte Lieferung. Der Ort der Lieferung 1 befindet sich dort, wo mit der Beförderung begonnen wurde – in Dänemark. Die Lieferung 2 (von der SHR Maschinenbau GmbH an die Audi AG) ist eine ruhende Lieferung. Die ruhende Lieferung folgt der bewegten Lieferung. Der Ort der Lieferung ist danach zu bestimmen, wo sich die Ware am Ende der Warenbewegung befand – in Ingolstadt. Lieferung 1 ist mangels Ort im Inland nicht steuerbar. Lieferung 2 ist steuerbar, da sich der Ort in Ingolstadt (Inland) befindet.

Hierbei wurde die (widerlegbare) Vermutung berücksichtigt, dass die Warenbewegung der Lieferung an den mittleren Unternehmer zuzuordnen ist.

Der befördernde oder versendende mittlere Unternehmer kann jedoch nachweisen, dass er die Ware als Lieferer der Lieferung 2 (und nicht als Abnehmer der Lieferung 1) bewegt hat. In diesem Fall wird die Warenbewegung seiner Lieferung zugeordnet.

Im Fall 17 hätte das zur Folge, dass die Warenbewegung der Lieferung 2 (von der SHR Maschinenbau an die Audi AG) zuzuordnen ist. Die Lieferung 2 ist somit die bewegte Lieferung. Der Ort der (bewegten) Lieferung befindet sich an dem Ort, an dem die Beförderung beginnt, und damit in Dänemark. Die Lieferung 1 ist die sog. ruhende Lieferung. Die ruhende Lieferung geht der bewegten Lieferung vor. Der Ort der ruhenden Lieferung, die der bewegten Lieferung vorangeht, befindet sich dort, wo die Beförderung oder Versendung des Gegenstandes beginnt. Die Beförderung wurde in Dänemark begonnen – der Ort der Lieferung 1 befindet sich damit ebenfalls in Dänemark. Der Ort der Lieferungen 1 und 2 würde sich demnach in Dänemark befinden. Beide Lieferungen würden nicht dem deutschen Umsatzsteuergesetz unterliegen sondern dem dänischen Umsatzsteuergesetz. Dies führt zu keinem glücklichen Ergebnis, da sich die SHR Maschinenbau GmbH damit in Dänemark als Unternehmer registrieren lassen, den Umsatz anmelden und die Umsatzsteuer an den dänischen Fiskus bezahlen müsste.

Der Nachweis, dass der mittlere Unternehmer als Lieferer und nicht als Abnehmer die Ware bewegt hat, kann anhand von Belegen und Aufzeichnungen erfolgen. Aus den Belegen muss sich eindeutig und leicht nachprüfbar ergeben, dass der Unternehmer die Beförderung oder Verwendung in seiner Eigenschaft als Lieferer getätigt hat und nicht als Abnehmer der Vorlieferung. Hiervon kann ausgegangen werden, wenn der mittlere Unternehmer unter der Umsatzsteuer-Identifikationsnummer des Mitgliedstaates auftritt, in dem die Beförderung und Versendung des Gegenstandes beginnt, und wenn er auf Grund der mit seinem Lieferungen und seinem Auftraggeber vereinbarten Lieferkonditionen Gefahr und Kosten der Beförderung oder Versendung übernommen hat (Abschnitt 3.14 Abs. 10 UStAE).

Durch Vereinbarungen von Lieferkonditionen lassen sich in solchen Fällen die Orte der Lieferungen „steuern". Die zivilrechtlichen Auswirkungen dürfen dabei natürlich nicht unberücksichtigt bleiben.

Lieferungen ohne Warenbewegungen

Fall 18

Die Firma Nestro Lufttechnik GmbH aus Hainchen ist Hersteller von Industrieabsauganlagen. Die Großschreinerei Holza in Polen bestellt für eine neue Fertigungshalle eine Absauganlage. Die Firma Nestro Lufttechnik GmbH belädt einen Lkw mit den erforderlichen Motoren, Ventilatoren, Rohren und Installationsmaterial und transportiert diese zum Abnehmer nach Polen. Der Aufbau der Absauganlage wird von den Mitarbeitern der Firma Nestro durchgeführt. Wo befindet sich der Ort der Lieferung?

Der Ort der Lieferung ist bei einer Beförderungslieferung oder Versendungslieferung mit dem Ort des Beginns der Beförderung oder Versendung zu bestimmen.

Keine Beförderungslieferung oder Versendungslieferung liegt jedoch vor, wenn der Gegenstand der Lieferung nach dem Beginn der Beförderung oder Versendung noch einer Behandlung unterzogen wird, die seine Marktgängigkeit ändert. In diesen Fällen wird nicht der Liefergegenstand sondern ein Gegenstand anderer Wesensart befördert (Abschnitt 3.12 Abs. 4 UStAE).

Das ist insbesondere der Fall, wenn Gegenstand der Lieferung eine vom Lieferer errichtete ortsgebundene Anlage oder eine einzelne Maschine ist, die am Bestimmungsort fundamentiert oder funktionsfähig gemacht wird, in dem sie in einen Satz bereits vorhandener Maschinen eingefügt und hinsichtlich ihrer Arbeitsgänge auf diese Maschinen abgestimmt wird. Wir sprechen in solchen Fällen von Montagelieferungen.

Der Gegenstand der Lieferung entsteht in diesen Fällen erst am Bestimmungsort. Wird der Gegenstand beim Abnehmer erstmals zusammengebaut, so kann der Gegenstand der Lieferung nicht befördert oder versendet worden sein.

Wird der Gegenstand der Lieferung **nicht befördert oder versendet**, wird die Lieferung dort ausgeführt, wo sich der Gegenstand zur Zeit der **Verschaffung der Verfügungsmacht** befindet (§ 3 Abs. 7 UStG).

Die Firma Nestro Lufttechnik GmbH hat im Fall 18 eine Lieferung ausgeführt. Gegenstand der Lieferung war eine funktionstüchtige Absauganlage. Befördert wurden hingegen nur Bauteile wie Motoren, Ventilatoren, Rohre und Installationsmaterial. Der Gegenstand der Lieferung, die Absauganlage, ist erstmals beim Kunden in Polen entstanden. Die Absauganlage wurde nicht befördert oder versendet. Eine Beförderung oder Versendungslieferung liegt daher nicht vor. Der Ort der Lieferung bestimmt sich danach, wo sich der Gegenstand zur Zeit der Verschaffung der Verfügungsmacht befindet und ist daher in Polen zu bestimmen. Die Lieferung ist in Deutschland nicht steuerbar. Die Besteuerung richtet sich nach dem polnischen Umsatzsteuerrecht.

Fall 19

Die Hansa Grundstücks-KG in Hamburg verkauft ein ihr gehöriges Grundstück in Amsterdam (Niederlande) an die Firma HTU aus Taiwan. Wo befindet sich der Ort der Lieferung?

Auch hier wird der Gegenstand der Lieferung (das Grundstück) nicht befördert oder versendet. Der Ort der Lieferung ist danach zu bestimmen, wo sich der Gegenstand der Lieferung im Zeitpunkt der Verschaffung der Verfügungsmacht befindet (§ 3 Abs. 7 Satz 1 UStG).

Nachdem sich das Grundstück in Amsterdam befindet, ist die Lieferung des Grundstücks in Amsterdam (Niederlande) und damit nicht im Inland zu bestimmen. Die Lieferung ist in Deutschland nicht steuerbar. Die Besteuerung richtet sich nach dem niederländischen Umsatzsteuerrecht.

Fälle in denen der Gegenstand nicht befördert oder versendet wird und der Ort demnach dort zu bestimmen ist, wo sich der Gegenstand im Zeitpunkt der Verschaffung der Verfügungsmacht befindet, sind:

- Montagelieferungen
- Grundstückslieferungen
- Vereinbarung eines Besitzkonstituts (§ 930 BGB)
- Abtretung des Herausgabeanspruchs (§ 931 BGB)
- Übergabe von Traditionspapieren (Lagerscheine, Ladescheine, Konnossemente).

Der Ort der Lieferung bestimmt sich danach, wo sich der Gegenstand zur Zeit der Verschaffung der Verfügungsmacht befindet (§ 3 Abs. 7 Satz 1 UStG).

Versandhandel

Fall 20

Die Wassl AG aus Nürnberg liefert Waren im Umfang von 550.000 € jährlich an Privatpersonen mit Wohnsitz in Frankreich. Die Ware wird mit der Deutschen Post versandt. Wo befindet sich der Ort der Warenlieferungen?

§ 3 Abs. 6 bis 8 UStG enthält die grundsätzlichen Regelungen zur Bestimmung des Ortes einer Lieferung. Danach gelten Lieferungen grundsätzlich dort ausgeführt, wo die Beförderung oder Versendung an den Abnehmer beginnt.

Wird bei einer Lieferung der Gegenstand durch den Lieferer in das Gebiet eines anderen Mitgliedsstaates befördert oder versendet, so gilt die Lieferung an Privatpersonen (und bestimmte andere Empfänger) abweichend von dem vorgenannten Grundsatz dort als ausgeführt, wo die Beförderung oder Versendung endet (§ 3c UStG).

Hierzu eine Grafik:

Die Regelung gilt für Lieferungen inländischer Unternehmer in das Gebiet eines anderen Mitgliedstaates. Die Regelung gilt auch für den umgekehrten Fall einer Lieferung eines im anderen Mitgliedstaat ansässigen Unternehmers in das Inland.

Hintergrund dieser sog. Versandhandelsregelung ist, dass die Umsatzsteuer dem Mitgliedsstaat zufließen soll, in dem die Ware verbraucht wird.

Liefert der Unternehmer jedoch Waren nur in geringem Umfang in einen anderen EG-Mitgliedstaat, dann verzichten die EU-Mietgliedsstaaten aus Vereinfachungsgründen (Art. 33 MwStSystRL, § 3c UStG) auf die Anwendung der Versandhandelsregelung. Der geringe Umfang wird anhand der Lieferschwelle bestimmt. Die Lieferschwelle nach Deutschland beträgt entsprechend dem Grundsatz der MwStSystRL 100.000 €. Auch für Frankreich, Luxemburg, Niederlande oder Österreich beträgt die Lieferschwelle 100.000 €. Werden schwerwiegende Wettbewerbsverzerrungen befürchtet, so lässt die MwStSystRL die Begrenzung des Schwellenwertes auf 35.000 € zu. Für Spanien beträgt die Lieferschwelle 35.000 €, für Polen 160.000 PLN (ca. 35.000 €). Die Lieferschwellenwerte werden von der Finanzverwaltung im Abschnitt 3c. 1. Abs. 3 UStAE veröffentlicht.

Unterhalb der Lieferschwelle kann der Unternehmer freiwillig zur Anwendung der Versandhandelsregelung optieren.

Im Fall 20 liefert die Wassl AG Gegenstände an Privatpersonen in einen anderen EG-Mitgliedsstaat. Nach den grundsätzlichen Ortsbestimmungen wäre der Ort der Lieferung am Ort des Beginns der Beförderung oder Versendung und damit in Nürnberg zu bestimmen. Die Umsatzsteuer würde dem deutschen Fiskus zufließen. Nachdem die Wassl AG nicht nur in geringem Umfang nach Frankreich Waren/Gegenstände liefert, ist die Versandhandelsregelung anzuwenden. Danach ist der Ort der Lieferung dort zu bestimmen, wo die Beförderung oder Verwendung endet. Der Ort der Lieferungen ist danach in Frankreich zu bestimmen. Die Lieferungen sind in Deutschland nicht steuerbar. Die Wassl AG muss sich in Frankreich registrieren lassen, dort die Umsätze anmelden und Umsatzsteuer abführen.

Lektion 5: Ort der sonstigen Leistungen

Nur sonstige Leistungen, die im Inland ausgeführt werden, unterliegen dem deutschen Umsatzsteuerrecht.

Leitsatz 5

Steuerbarkeit von sonstigen Leistungen

Nur sonstige Leistungen, die im **Inland** ausgeführt werden, sind steuerbar.

Sonstige Leistungen sind Leistungen, die keine Lieferungen sind (§ 3 Abs. 9 UStG). Zur Abgrenzung von sonstigen Leistungen zu Lieferungen siehe Lektion 1.

Das Umsatzsteuerrecht unterteilt die sonstigen Leistungen für Zwecke der Bestimmung des Ortes in verschiedene Arten der Leistungen und bestimmt abhängig von der Art der sonstigen Leistung den Ort, an dem diese ausgeführt werden.

Der Ort der sonstigen Leistung (die MwStSystRL spricht von „Dienstleistungen") befindet sich an dem Ort, von dem aus der Unternehmer sein Unternehmen betreibt, wenn der Leistungsempfänger kein Unternehmer ist oder wenn ein Unternehmer die Leistung nicht für sein Unternehmen bezieht (sog. Endverbrauch; Ort des leistenden Unternehmers, § 3a Abs. 1 UStG).

Wird die sonstige Leistung von einer Betriebsstätte ausgeführt, gilt die Betriebsstätte als Ort der sonstigen Leistung. Wir bezeichnen die Vorschrift als Grundregel nach Abs. 1 für sonstige Leistungen an Endverbraucher:

- Business-to-Consumer-Umsätze (kurz: B2C)

Eine sonstige Leistung (Dienstleistung), die an einen Unternehmer für dessen Unternehmen ausgeführt wird, wird an dem Ort ausgeführt, an dem der Empfänger sein Unternehmen betreibt (Ort des Leistungsempfängers, § 3a Abs. 2 UStG).

Wird die sonstige Leistung an einer Betriebsstätte ausgeführt, ist stattdessen der Ort der Betriebsstätte maßgebend. Wir bezeichnen die Vorschrift als Grundregel nach Abs. 2 für sonstige Leistungen an Unternehmer:

- Business-to-Business-Umsätze (kurz: B2B)

Übersicht 5: Ort der sonstigen Leistung

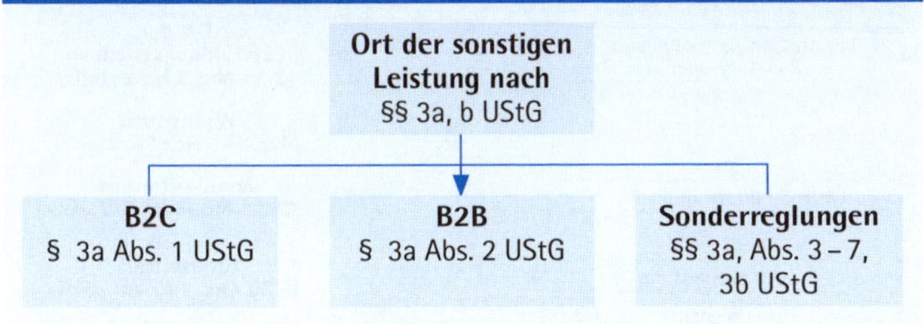

Diese Grundsatzbestimmungen kommen jedoch nur dann zur Anwendung, wenn für die ausgeführte sonstige Leistung keine Sonderregelung besteht. Die Ortsbestimmung nach § 3a Abs. 1 UStG (B2C) kommt daher nur in Ausnahmefällen als Auffangtatbestand zur Anwendung (z.B. bei Reiseleistungen, Leistungen eines Arzt oder Tierarztes, Notarleistungen außerhalb von Grundstücksgeschäften, Bestattungsleistungen, Leistungen der Vermögensverwalter und Testamentsvollstrecker oder die langfristige Vermietung eines Beförderungsmittels; Abschnitt 3a 1 Abs. 4 UStAE).

Für Beförderungsleistungen (nicht zu verwechseln mit Beförderungslieferungen, bei denen der Gegenstand der Lieferung befördert wird), Grundstücksleistungen, Leistungen bei denen die Tätigkeiten im Vordergrund stehen, Vermittlungsleistungen oder immaterielle Dienstleistungen enthält das Umsatzsteuergesetz Sonderregelungen zur Ortsbestimmung.

Über die Leistungsarten und deren Ortsbestimmung nun ein detailliertes Schaubild. Die Prüfung beginnt oben links und über die Beantwortung der Ja/nein-Fragen wird das Ergebnis gefunden.

Übersicht 6: Schaubild zum Ort der sonstigen Leistung

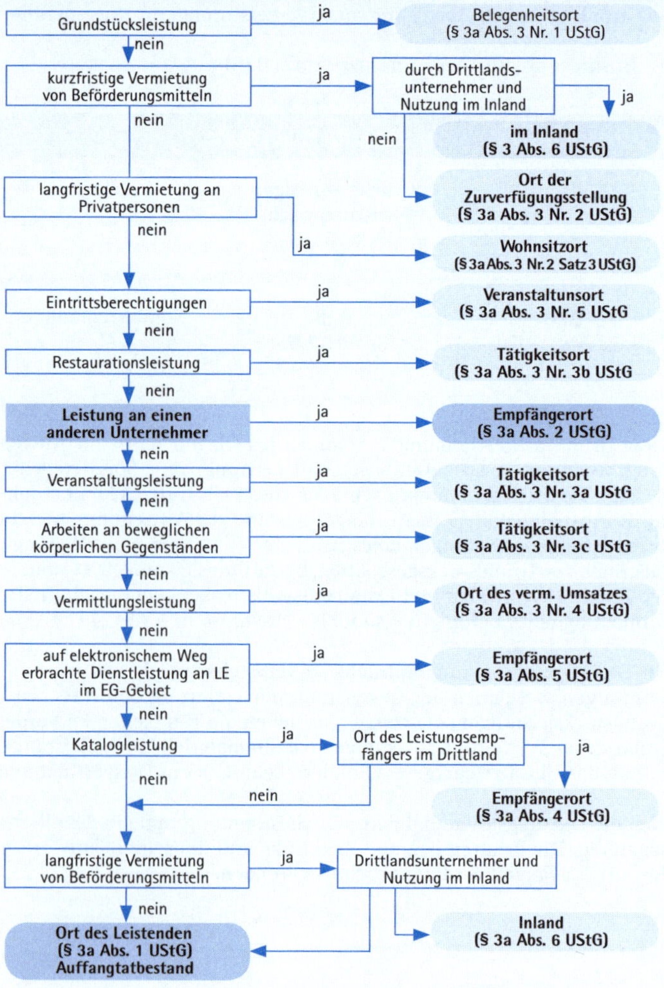

Im Folgenden werden die bestehenden Sonderregelungen für die sonstigen Leistungen dargestellt.

Leistungen im Zusammenhang mit einem Grundstück (§ 3a Abs. 3 Nr. 1 UStG)

Fall 21

Die Hansa Grundstücks-KG in Hamburg vermietet ein in Spanien gelegenes Hotel an die Hotelkette Aldia aus Bad Homburg (Deutschland). Wo befindet sich der Ort der sonstigen Leistung durch Vermietung?

Eine sonstige Leistung im Zusammenhang mit einem Grundstück wird dort ausgeführt, wo das Grundstück liegt (Belegenheitsort). Die Lage des Grundstücks ist daher entscheidend für den Ort der sonstigen (Grundstücks-)Leistung. Eine sonstige Leistung im Zusammenhang mit dem Grundstück ist anzunehmen, wenn sich die Leistung auf die Bebauung, Verwertung oder Unterhaltung des Grundstücks bezieht (Abschnitt 3a. 3 Abs. 3 UStAE).

Leitsatz 6

Ort der sonstigen Leistungen mit Grundstücken

Der Ort der sonstigen Leistungen die im Zusammenhang mit einem Grundstück stehen wird **immer** dort bestimmt, wo sich das Grundstück **befindet**.

Hauptanwendungsfall ist die Vermietung und Verpachtung von Wohn- oder Geschäftsräumen. Die Bestimmung gilt aber auch für die Vermietung von Plätzen, um Fahrzeuge abzustellen, oder die kurzfristige Vermietung von Camping-, Park-, Bootsliegeplätzen oder für die Überlassung von Wochenmarkt-Standplätzen an Markthändler.

Mit der Vermietung des Grundstücks erbringt die Grundstücks-KG im Fall 21 eine sonstige Leistung im Zusammenhang mit einem Grundstück. Das Grundstück ist in Spanien gelegen. Nachdem die Lage entscheidend für die Ortsbestimmung ist, befindet sich der Ort der sonstigen Leistung in Spanien. Die sonstige Leistung durch Vermietung ist in Deutschland daher nicht steuerbar. Und das, obwohl leistender Unternehmer und der Leistungsempfänger im Inland ihren Sitz haben. Die Besteuerung richtet sich nach dem spanischen Umsatzsteuerrecht.

Fall 22

Die Hansa Grundstücks-KG in Hamburg wird von der Chemia AG in Hamburg beauftragt, ein Grundstück in Belgien ausfindig zu machen und mit dem Verkäufer Erwerbsverhandlungen zu führen. Drei Monate nach Erteilung des Maklerauftrages unterzeichnet die Chemia AG vor einem deutschen Notar den Vertrag zum Kauf des Gewerbegrundstücks. Wo befindet sich der Ort der von der Hansa Grundstücks-KG erbrachten sonstigen Leistung?

Zu den Grundstücksleistungen gehören auch die Leistungen im Zusammenhang mit der Veräußerung oder dem Erwerb von Grundstücken (§ 3a Abs. 3 Nr. 1b UStG).

Auch die Leistungen eines Notars im Rahmen einer Beurkundungsleistung beim Grundstückkaufvertrag gehören zu den Grundstücksleistungen.

Die Hansa Grundstücks-KG erbringt mit der Vermittlung des Grundskaufvertrages im Fall 22 eine sonstige Leistung im Zusammenhang mit einem Grundstück. Wegen der Lage des Grundstücks in Belgien ist der Ort der sonstigen Leistung in Belgien zu bestimmen. Der Umsatz ist in Deutschland nicht steuerbar. Ohne Bedeutung dabei ist, dass alle Beteiligten Ihren Sitz in Deutschland haben.

Auch die sonstige Leistung des deutschen Notars ist in Belgien zu bestimmen. Die sonstige Leistung des Notars ist in Deutschland nicht steuerbar.

Fall 23

Die Chemia AG in Hamburg beauftragt die Zeich GmbH in Bremen, für das gekaufte Grundstück in Belgien eine Werkhalle und ein Bürogebäude zu planen und die Statik zu berechnen. Mit dem Bau der Werkhalle und dem Bürogebäude wird die Schnellbau GmbH in Hamburg beauftragt. Welche Leistungen werden von der Zeich GmbH erbracht, und wo befindet sich der Ort der Leistung? Welche Leistungen werden von der Schnellbau GmbH erbracht?

Zu den Grundstücksleistungen gehören auch sonstige Leistungen, die der Erschließung von Grundstücken oder der Vorbereitung oder der Ausführung von Bauleistungen dienen (§ 3a Abs. 3 Nr. 1c UStG).

Im Fall 23 erbringt die Zeich GmbH mit der Planung und Statikberechnung eine sonstige Leistung im Zusammenhang mit einem Grundstück. Die Überlassung der Planungsunterlagen ist nicht Gegenstand einer Lieferung, da nicht das Papier sondern die geistige Leistung im Vordergrund steht; es liegt eine sonstige Leistung vor. Der Ort der sonstigen Leistung ist wegen der Lage des Grundstücks in Belgien zu bestimmen.

Die Schnellbau GmbH errichtet im Fall 23 für die Chemia AG ein Gebäude und verschafft ihr daran die Verfügungsmacht. Bei der Errichtung der Werkhalle und des Bürogebäudes handelt es sich daher um eine Lieferung (Werklieferung); eine sonstige Leistung scheidet demzufolge aus. Der Ort der Lieferung (Werklieferung) ist nach § 3 Abs. 7 UStG zu bestimmen. Der Ort der Lieferung ist dort, wo sich der Liefergegenstand im Zeitpunkt der Verschaffung der Verfügungsmacht befindet, und ist in Belgien zu bestimmen.

Fall 24

Die Chemia AG in Hamburg vermietet nach Abschluss der Bauarbeiten das Werkgelände an ihre Tochtergesellschaft, die Chemia Belgien BV. Mit der Erstellung des Mietvertrages werden der Rechtsanwalt Fuchs und die Steuerkanzlei Berberich | Volk | Wengerter | Mücke, jeweils aus Aschaffenburg, beauftragt.

Rechtsanwalt und Steuerberater erbringen durch ihre Beratungen eine sonstige Leistung. Die Beratungsleistungen des Rechtsanwaltes und des Steuerberaters betreffen zwar das Grundstück, stehen aber nach Auffassung der Finanzverwaltung nicht in dem erforderlichen engen Zusammenhang mit einem Grundstück (Abschnitt 3a.3 Abs. 10 UStAE). Bei den sonstigen Leistungen durch Beratungen handelt sich somit um keine Grundstücksleistungen. Der Ort der Beratungsleistung bestimmt sich nach § 3a Abs. 2 UStG am Sitzort des Leistungsempfängers und damit in Hamburg.

Kurzfristige Vermietung von Beförderungsmitteln (§ 3a Abs. 3 Nr. 2 UStG)

Fall 25

Das Bootsvermietungsunternehmen Yachtfrei aus Aschaffenburg vermietet eine Yacht an die Familie Fisch, ebenfalls aus Aschaffenburg, für den dreiwöchigen Sommerurlaub. Die Übergabe der Yacht erfolgt in einem italienischen Adriahafen.

Nach § 3a Abs. 3 Nr. 2 UStG wird die kurzfristige Vermietung eines Beförderungsmittels an dem Ort ausgeführt, an dem das Beförderungsmittel dem Empfänger tatsächlich zur Verfügung gestellt wird. Als kurzfristig gilt eine Vermietung über einen ununterbrochenen Zeitraum bei Wasserfahrzeugen von nicht mehr als 90 Tagen und bei anderen Beförderungsmitteln (z.B. Autos) von nicht mehr als 30 Tagen.

Leitsatz 7

Ort der Vermietungsleistung

Der Ort bestimmt sich nach dem Ort der **Zurverfügungsstellung**.

Die Dauer der Vermietung richtet sich nicht nach der vertraglichen Vereinbarung sondern nach der tatsächlichen Dauer der Nutzungsüberlassung.

Als Beförderungsmittel sind Gegenstände anzusehen, deren Hauptzweck auf die Beförderung von Personen und Gütern zu Lande, zu Wasser oder in der Luft gerichtet ist und die sich auch tatsächlich fortbewegen, z.B. PKWs, LKWs, Auflieger, Sattelanhänger, Fahrzeuganhänger, Elektro-Caddywagen, Segelboote, Motorboote, Paddelboote, Tretboote, Flugzeuge, Wohnmobile oder Wohnwagen (wenn diese nicht fest stationiert sind). Keine Beförderungsmittel sind Arbeitsgeräte z.B. Bagger, Planierraupen, Kräne oder Gabelstapler.

Im Fall 25 wurde der Familie Fisch eine Yacht, welche ein Beförderungsmittel ist, kurzfristig (da nicht mehr als 90 Tage) zur Nutzung überlassen. Der Leistungsort der Vermietungsleistung befindet sich in Italien, dem Ort, an dem das vermietete Boot tatsächlich übergeben, zur Verfügung gestellt wird. Die sonstige Leistung unterliegt daher nicht dem deutschen

Umsatzsteuergesetz, obwohl beide Parteien (Leistender und Leistungsempfänger) im Inland ihren Sitz bzw. Wohnsitz haben. Der Umsatz ist vom Unternehmer Yachtfrei in Italien zu versteuern.

Die gleichen Rechtsfolgen ergeben sich, wenn der Unternehmer die Yacht nicht an eine Privatperson, sondern an ein Unternehmen z.B. für einen Betriebsausflug vermietet. Die Sonderregelung nach § 3a Abs. 3 Nr. 2 UStG verdrängt die Grundregel 2 für Leistungen an Unternehmer nach § 3a Abs. 2 UStG (B2B).

Wird ein Beförderungsmittel nicht kurzfristig, sondern langfristig vermietet (bei Wasserfahrzeugen mehr als 90 Tage und andere Beförderungsmittel mehr als 30 Tage), dann bestimmt sich der Ort der Leistung bei einer Vermietung an ein Unternehmen nach der Grundregel des § 3a Abs. 2 UStG (B2B, Empfängerort) und bei der Vermietung an eine Privatperson nach dem Wohnsitz des Empfängers (§ 3a Abs. 3 Nr. 2 Satz 3 UStG).

Die Regelungen zur Bestimmung des Ortes bei der Überlassung von Beförderungsmitteln durch inländische Unternehmer oder Unternehmer mit dem Sitz in einem anderen Mitgliedsstaat werden in der folgenden Übersicht 7 dargestellt.

Übersicht 7: Kurzfristige Vermietung von Beförderungsmitteln

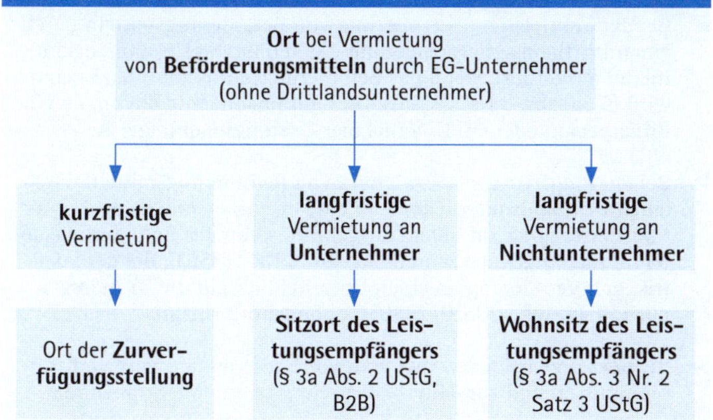

Fall 26

Die Autovermietung Seven aus Frankfurt vermietet einen Pkw an einen spanischen Staatsbürger mit Wohnsitz in Spanien für drei Monate. Das Fahrzeug wird in Frankfurt übergeben und wird sowohl im Inland als auch im Ausland genutzt.

Der Ort der sonstigen Leistung ist nach § 3a Abs. 3 Nr. 2 Satz 3 UStG zu bestimmen. Die Vermietung erfolgte nicht kurzfristig an eine Privatperson, so dass der Ort der Leistung am Wohnsitz des Leistungsempfängers zu bestimmen ist. Die Vermietungsleistung unterliegt dem ausländischen Umsatzsteuerrecht; der deutsche Unternehmer muss sich (leider) im jeweiligen Ausland umsatzsteuerrechtlich registrieren lassen und die Umsatzsteuer anmelden und abführen.

Leitsatz 8

Vermietung im Ausland

Bei der **langfristigen Vermietung** von Fahrzeugen an **Privatpersonen** muss sich der inländische Unternehmer im **Ausland registrieren** und das ausländische Umsatzsteuerrecht anwenden.

Damit es nicht zu einfach wird, sieht das Umsatzsteuergesetz in § 3a Abs. 6 und 7 noch folgende Sonderregelungen vor:

- Bei der kurzfristigen Vermietung von Beförderungsmitteln durch einen Drittlandsunternehmer gilt die Vermietungsleistung als im Inland ausgeführt, wenn das Beförderungsmittel im Inland genutzt wird (§ 3a Abs. 6 Nr. 1 UStG). Dies gilt unabhängig davon, ob eine Privatperson oder ein Unternehmer Leistungsempfänger ist.
- Bei der langfristigen Vermietung von Beförderungsmitteln durch einen Drittlandsunternehmer an eine Privatperson gilt die Vermietungsleistung als im Inland ausgeführt, wenn das Beförderungsmittel im Inland genutzt wird (§ 3a Abs. 6 Nr. 1 UStG). Bei der langfristigen Vermietung an einen Unternehmer gilt die Grundregel nach (§ 3a Abs. 2 UStG; (B2B, Empfängerortprinzip).
- Bei der kurzfristigen Vermietung von Schienenfahrzeugen, Kraftomnibussen und zur Güterbeförderung bestimmte Straßenfahr-

zeuge (gilt nur für diese Beförderungsmittel) ist die Vermietungsleistung im Drittland ausgeführt zu behandeln, wenn die Leistung an einen Drittlandsunternehmer erbracht wird und das Beförderungsmittel im Drittlandsgebiet genutzt wird (§ 3a Abs. 7 UStG).

Fall 27

Die Autovermietung Eight aus Freiburg vermietet einen Lkw für drei Wochen an einen in der Schweiz ansässigen Unternehmer. Das Fahrzeug wird in Freiburg übergeben und dann ausschließlich in der Schweiz genutzt.

Es handelt sich bei der Vermietung des LKWs um die kurzfristige Vermietung eines Beförderungsmittels. Der Ort der sonstigen Leistung ist dabei grundsätzlich nach § 3a Abs. 3 Nr. 2 UStG dort zu bestimmen, wo das Fahrzeug zur Verfügung gestellt wird. Das ist im Fall 27 Freiburg. Da es sich bei dem Beförderungsmittel um einen LKW handelt, der durch einen Drittlandsunternehmer im Drittland genutzt wird, ist der Ort der Vermietungsleistung hiervon abweichend im Drittland nach § 3a Abs. 7 UStG zu bestimmen.

Tätigkeitsort (§ 3a Abs. 3 Nr. 3 Buchst. a UStG)

Fall 28

Die High-Feel GmbH mit Sitz in Aschaffenburg veranstaltet Seminare zur Ernährungsberatung in verschiedenen Städten Deutschlands sowie in Österreich. An den Seminaren nehmen Unternehmer und auch Nichtunternehmer teil. Wo befindet sich der Ort der sonstigen Leistung?

Bei **kulturellen, künstlerischen, wissenschaftlichen, unterrichtenden, sportlichen, unterhaltenden oder ähnlichen Leistungen** bestimmt der **Ort der Tätigkeitsausübung** den Leistungsort, wenn die Leistung gegenüber Nichtunternehmern ausgeführt wird. (§ 3a Abs. 3 Nr. 3 Buchst. a UStG). Werden die Tätigkeiten gegenüber einem Unternehmer ausgeführt, so bestimmt sich der Ort der sonstigen Leistung nach der Grundregel des § 3a Abs. 2 UStG (B2B) am Sitzort des Leistungsempfängers. Die Regelung gilt nur für sonstige Leistungen, die in einem positiven Tun bestehen. Der Ort, an dem der Erfolg eintritt oder die sonstige Leistung sich auswirkt, ist ohne Bedeutung.

Zu den Eintrittsberechtigungen zu kulturellen, künstlerischen, wissenschaftlichen, unterrichtenden, sportlichen, unterhaltenden oder ähnlichen Veranstaltungen (Messen) siehe unten.

Es kommt nicht darauf an, wo der Unternehmer im Rahmen seiner Gesamttätigkeit überwiegend tätig wird, es ist der jeweilige einzelne Umsatz zu betrachten.

Die High-Feel GmbH im Fall 28 erbringt mit ihren Seminaren jeweils eine sonstige Leistung. Der Ort der sonstigen Leistung bestimmt sich bei der Leistungserbringung gegenüber Nichtunternehmern an dem Ort, an dem die GmbH mit ihren Seminaren jeweils tätig wird. Bei den Seminaren im Inland in Deutschland befindet sich der Ort der sonstigen Leistung in Deutschland. Bei den Seminaren in Österreich befindet sich der Ort in Österreich. Soweit die sonstige Leistung gegenüber Unternehmern ausgeführt wird, ist die Regelung nach § 3a Abs. 3 Nr. 3 Buchst. a UStG nicht anzuwenden.

Fall 29

Hochschullehrer Suppl aus Frankfurt am Main erhält von einem französischen Unternehmer den Auftrag, an einer wissenschaftlichen Podiumsdiskussion in Madrid (Spanien) über die Verfahrenstechniken zur Gewinnung von alternativen Energiequellen mitzuwirken. Wo wird die sonstige Leistung aus der Teilnahme an der Podiumsdiskussion ausgeführt?

Bei der Teilnahme handelt es sich um eine wissenschaftliche Tätigkeit des Hochschullehrers. Der Ort der sonstigen Leistung in Form der wissenschaftlichen Tätigkeit und Mitwirkung an der Podiumsdiskussion ist nach der Grundregel nach § 3 Abs. 2 UStG (B2B) zu bestimmen, da Leistungsempfänger ein Unternehmer ist. Der Ort der sonstigen Leistung bestimmt sich nach dem Sitzort des Leistungsempfängers in Frankreich. Ohne Bedeutung ist, dass die Veranstaltung in Spanien durchgeführt wurde.

Keine wissenschaftliche Tätigkeit ist gegeben, wenn ein Auftraggeber den Hochschullehrer beauftragt, ein Gutachten über alternative Energiequellen zu erstellen. Soll das Gutachten dem Auftraggeber als Entscheidungshilfe für die Lösung konkreter technischer, wirtschaftlicher oder rechtlicher Fragen dienen, liegt eine Beratungsleistung vor, deren

Ort sich nach § 3a Abs. 2 UStG nach dem Ort des Leistungsempfängers bestimmt (vgl. Abschnitt 3a.6 Abs. 5 UStAE).

Restaurationsleistungen (§ 3a Abs. 3 Nr. 3 Buchst. b UStG)

Fall 30

Der Caterer Exxtival GmbH aus Aschaffenburg wird beauftragt, bei einer Prominentenhochzeit in St. Johann (Österreich) die Bewirtung der Gäste zu übernehmen. Der Caterer aus Deutschland bereitet die Gerichte in seinem Zelt mit gesamter Kücheneinrichtung (mobile Küche) in St. Johann zu.

Bei der Abgabe von Speisen und Getränken zum Verzehr an Ort und Stelle (Restaurationsleistung) wird die Leistung dort ausgeführt, wo sie vom Unternehmer tatsächlich erbracht wird (§ 3a Abs. 3 Nr. 3b UStG).

Voraussetzung ist dabei, dass es sich überhaupt um eine sonstige Leistung handelt. Die Vorschrift ist nicht anzuwenden, wenn es sich bei der Leistung um eine Lieferung handelt. Dies ist dann der Fall, wenn lediglich Speisen zu einem bestimmten Zeitpunkt verzehrfertig gemacht werden, vom leistenden Unternehmer aber kein weiteres Dienstleistungselement (z.B. Zurverfügungstellung von Verzehrmöglichkeiten, Zuverfügungstellung von Geschirr) dazu kommt. Ist die Leistung als Lieferung zu beurteilen, kommen die allgemeinen Ortsbestimmungsregeln für Lieferungen nach § 3 Abs. 6 und 7 UStG zur Anwendung.

Im Fall 30 handelt es sich um eine sonstige Leistung des Caterers Exxtival, da Speisen zum Verzehr an Ort und Stelle gefertigt wurden. Der Ort der sonstigen Leistung befindet sich nach § 3a Abs. 3 Buchst. b UStG in St. Johann (Österreich), so dass nicht die Vorschriften des deutschen Umsatzsteuergesetzes, sondern die Vorschriften des österreichischen Umsatzsteuergesetzes einschlägig sind.

Die Vorschrift zur Ortsbestimmung gilt sowohl bei Leistungen an Nichtunternehmer als auch an Unternehmer. Wer die Steuer tatsächlich schuldet (Steuerschuldnerschaft), ist gesondert zu beurteilen. Da die Leistung im Fall 30 an einen Nichtunternehmer ausgeführt wurde, hat der Caterer Exxtival österreichische Umsatzsteuer dem Kunden zu berechnen, sich in Österreich registrieren zu lassen und österreichische Umsatzsteuer abzuführen. Wird die Leistung gegenüber einem Unternehmer ausgeführt, so geht die Steuerschuldnerschaft auf den leistungsempfangenden Unternehmer über (sinngemäß § 13b Abs. 1 Nr. 1 UStG; Art. 55 i.V.m. Art. 194 MwStSystRL; Kannbestimmung).

Die Ortsregelung gilt nicht für Restaurationsleistungen an Bord eines Schiffs, in einem Flugzeug oder in einer Eisenbahn (Bordrestaurationsleistung) während einer Beförderung innerhalb des Gemeinschaftsgebietes. Als Beförderung innerhalb des Gemeinschaftsgebietes gilt die Beförderung oder der Teil der Beförderung zwischen dem Abgangsort und dem Ankunftsort des Beförderungsmittels im Gemeinschaftsgebiet ohne Zwischenaufenthalt außerhalb des Gemeinschaftsgebietes. In diesen Fällen gilt als Ort der Bordrestaurationsleistung der Abgangsort des Beförderungsmittels (§ 3e UStG).

Arbeiten an beweglichen Gegenständen an Nichtunternehmer (§ 3a Abs. 3 Nr. 3 Buchst. c UStG)

Fall 31

Die Autohaus GmbH aus Rheinmünster repariert das Fahrzeug eines französischen Rentnerehepaares, welches in Baden-Baden aufgrund eines Elektronikfehlers liegen geblieben ist. Wo befindet sich der Ort der Reparatur des Fahrzeugs?

Bei Arbeiten an beweglichen körperlichen Gegenständen und die Begutachtung solcher Gegenstände bestimmt die Ausübung der Tätigkeit selbst den Leistungsort (§ 3a Abs. 2 Nr. 3c UStG).

Zu den Arbeiten und Begutachtungen gehören z.B. Reparaturleistungen, Wartungsarbeiten, Reinigungsarbeiten, Gutachten über die Bewertung eines Fahrzeugs oder ein Wertgutachten für ein Bild.

Hinweis: *Verwendet der Unternehmer bei der Be- oder Verarbeitung eines Gegenstandes* selbst beschaffte Stoffe, *die nicht nur Zutaten oder sonstige Nebensachen sind, ist keine sonstige Leistung (Werkleistung), sondern eine Lieferung (Werklieferung) anzunehmen. Dies ist dann der Fall, wenn bei einem Fahrzeug wegen eines Motorschadens der Motor ausgetauscht werden muss. Es liegt dann eine (Werk-)Lieferung und keine sonstige Leistung vor, da ein Austauschmotor keine Zutat oder Nebensache ist.*

Im Fall 31 hat die Autohaus GmbH bei dem Fahrzeug des französischen Kunden eine neue Software aufgespielt und nur Sicherungen ausgetauscht. Die Autohaus GmbH hat mit den Sicherungen nur „Nebensachen" verwendet. Die Reparatur stellt eine sonstige Leistung dar. Nachdem die Autohaus GmbH eine sonstige Leistung durch Arbeiten an einem beweglichen körperlichen Gegenstand ausgeführt hat, ist der Ort der sonstigen Leistung nach den Regelungen zum Tätigkeitsort in Baden-Baden zu bestimmen. Die sonstige Leistung ist im Inland steuerbar.

Aus Vereinfachungsgründen ist bei der Reparatur eines Beförderungsmittels (Fahrzeug, Schiff, Flugzeug) nach Auffassung der Finanzverwaltung eine Werklieferung dann anzunehmen, wenn der Entgeltsteil für das bei der Reparatur verwendete Material mehr als 50 % des Gesamtentgelts beträgt (vgl. Abschnitt 3.8 Abs. 6 UStAE). Liegt eine Werklieferung vor, dann bestimmt sich der Ort nach den Ortsbestimmungen für Lieferung bzw. Werklieferungen von Gegenständen.

Im Fall 31 war Leistungsempfänger ein Rentnerehepaar, ein Nichtunternehmer. Ist der Leistungsempfänger ein Unternehmer, so ist nach der Grundregel nach § 3a Abs. 2 UStG für sonstige Leistungen an Unternehmer der Sitzort des Leistungsempfängers maßgebend (B2B).

Fall 32

Fast wie Fall 31, aber mit dem Unterschied, dass Leistungsempfänger nicht mehr eine Privatperson (Rentnerehepaar) sondern ein Unternehmer ist. Die Autohaus GmbH aus Rheinmünster repariert das Fahrzeug eines französischen Unternehmers, welcher in Baden-Baden aufgrund eines Elektronikfehlers liegen geblieben ist. Wo befindet sich der Ort der Leistung?

Im Fall 32 handelt es sich um eine sonstige Leistung, da die Autohaus GmbH keine Hauptstoffe verwendet. Der Ort ist nach der Grundregel für Leistungen an Unternehmer nach § 3a Abs. 2 UStG am Sitzort des Leistungsempfängers zu bestimmen. Die Reparaturleistung ist in Deutschland mangels Ort der sonstigen Leistung im Inland nicht steuerbar. Die Autohaus GmbH kann ihre sonstige Leistung ohne deutsche Umsatzsteuer berechnen.

Hinweis: *Die sonstige Leistung der Autohaus GmbH wird in Frankreich ausgeführt und unterliegt dem französischen Umsatzsteuergesetz. Aus französischer Sicht wird die Reparaturleistung von einem im Ausland ansässigen Unternehmer erbracht, mit der Folge, dass – wie in Deutschland – die Steuerschuldnerschaft auf den französischen Unternehmer als Leistungsempfänger übergeht. Der französische Unternehmer hat daher in seiner Voranmeldung die Umsatzsteuer für die Reparaturleistung zu erklären und kann diese zeitgleich als Vorsteuer wieder abziehen. Die Autohaus GmbH muss sich in Frankreich nicht registrieren lassen; sie muss diesen Umsatz weder in Deutschland noch in Frankreich erklären.*

Vermittlungsleistungen an Nichtunternehmer (§ 3a Abs. 3 Nr. 4 UStG)

Fall 33

Handelsvertreter Meyer vermittelt im Auftrag der Package Corp. in New York (USA) den Verkauf von Verpackungsmaschinen an Kunden in Deutschland. Ein Kunde aus Deutschland lässt vereinbarungsgemäß eine Verpackungsmaschine aus New York für seine Niederlassung in Frankfurt durch ein Logistikunternehmen abholen. Wo ist der Ort der Vermittlungsleistung?

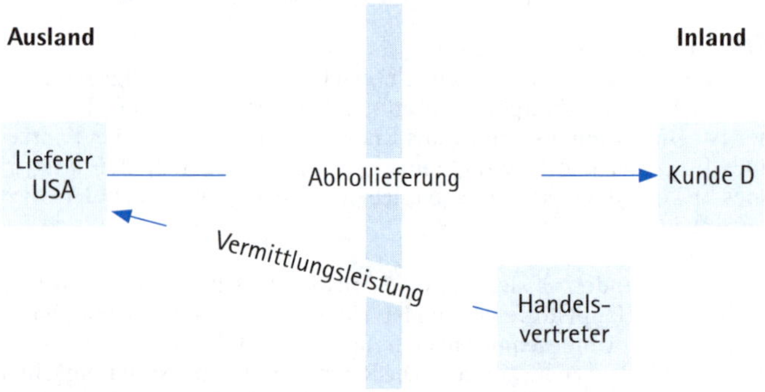

Bei Vermittlungsleistungen handelt es sich um sonstige Leistungen. Der Ort der sonstigen Leistungen in Form von Vermittlungen bestimmt sich an dem Ort, an dem der vermittelte Umsatz ausgeführt wird, wenn der Empfänger der Vermittlungsleistung ein Nichtunternehmer ist (§ 3a Abs. 3 Nr. 4 UStG). Wird eine nicht steuerbare Leistung zwischen Nichtunternehmern vermittelt, so wird die Vermittlungsleistung ebenfalls an dem Ort erbracht, an dem die vermittelte Leistung ausgeführt wird (EuGH-Urteil vom 27.5.2004, C-68/03, EuGHE I S. 5879).

Wird die Vermittlungsleistung gegenüber einem Unternehmer ausgeführt, dann bestimmt sich der Ort der Vermittlungsleistung nach der Grundregel des § 3a Abs. 2 UStG am Empfängerort (B2B). Bei der Beurteilung ist zu prüfen, wer Empfänger der Vermittlungsleistung ist – davon abzugrenzen ist der Empfänger der vermittelten Leistung.

Im Fall 33 erbringt der Handelsvertreter Meyer mit seiner Vermittlungsleistung eine sonstige Leistung. Die Vermittlungsleistung wird gegenüber einem Unternehmer erbracht. Der Ort bestimmt sich nach § 3a Abs. 2 UStG am Empfängerort (Empfänger der Vermittlungsleistung) und befindet sich demnach in den USA.

Fall 34

Der Autoliebhaber Reif beauftragt einen Handelsvertreter, einen Verkäufer für einen Mercedes Benz 220S Ponton Cabrio ausfindig zu machen. Der Handelsvertreter wird bei einem Aussteller in Frankreich fündig, vermittelt den Verkauf des Fahrzeuges und erhält eine entsprechende Provision. Der Autoliebhaber Reif holt das Fahrzeug in Frankreich ab.

Eine Vermittlungsleistung an einen Nichtunternehmer wird an dem Ort erbracht, an dem der vermittelte Umsatz ausgeführt wird. Für die Bestimmung des Ortes der Vermittlungsleistung muss der Ort der vermittelten Leistung bestimmt werden.

Der Ort für die Lieferung ist nach § 3 Abs. 6 UStG mit Beginn der Beförderung zu bestimmen, bei einer Versendung mit der Übergabe des Gegenstandes an den Beauftragten. Wird bei einer Lieferung aus dem Drittland in das Inland der Ort der Lieferung nach § 3 Abs. 8 UStG in das Inland verlagert, so gilt die Ortsverlagerung auch für die Bestimmung des Ortes der Vermittlungsleistung.

Im Fall 34 erbringt der Handelsvertreter eine Vermittlungsleistung gegenüber einem Nichtunternehmer. Der Ort der Vermittlungsleistung bestimmt sich nach § 3a Abs. 3 Nr. 4 UStG am Ort, an dem die vermittelte Lieferung ausgeführt wird. Der Ort der Lieferung befindet sich in Frankreich bei Beginn der Beförderung. Die Vermittlungsleistung unterliegt danach dem französischen Umsatzsteuerrecht. Der Handelsvertreter muss sich in Frankreich registrieren lassen und französische Umsatzsteuer abführen. Ein sehr fragliches Ergebnis!

Die Vorschrift gilt nicht für die Vermittlung von Grundstücken, Wohnungen, Ferienhäusern oder Hotelzimmern. Der Leistungsort richtet sich in diesen Fällen nach § 3a Abs. 3 Nr. 1 UStG als lex specialis (Belegenheitsort).

Die Regelungen zur Ortsbestimmung bei Vermittlungsleistungen werden in der folgenden Übersicht 8 nochmals zusammenfassend dargestellt.

Übersicht 8: Ort der Vermittlungsleistungen

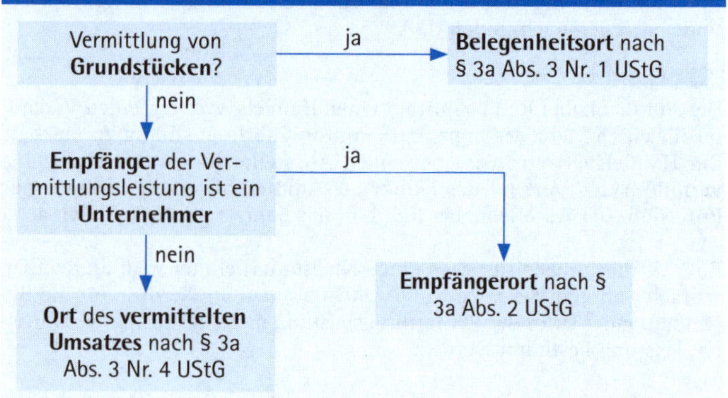

Ort des Leistungsempfängers bei Katalogleistungen nach § 3a Abs. 4 UStG im Drittland

Fall 35

Die holländische Creatione B.V. (holländische GmbH) beabsichtigt zukünftig ihre Waren auch auf dem deutschen Markt zum Verkauf anzubieten. Sie lässt sich daher von der Steuerkanzlei Berberich | Volk | Wengerter | Mücke und dem Rechtsanwalt Fuchs, jeweils aus Aschaffenburg, beraten. Wo befindet sich der Ort der sonstigen Leistungen?

In § 3a Abs. 4 UStG werden die sog. Katalogleistungen definiert. Dazu gehören:

- Übertragung von Urheberrechten (§ 3a Abs. 4 Nr. 1 UStG)
- Sonstige Leistungen, die der Werbung oder der Öffentlichkeitsarbeit dienen, einschließlich der Leistungen der Werbeagenturen (§ 3a Abs. 4 Nr. 2 UStG)
- Sonstige Leistungen aus der Tätigkeit als Rechtsanwalt, Steuerberater, Wirtschaftsprüfer, Sachverständiger, Ingenieur, Aufsichtsratmitglied, Dolmetscher, Übersetzer, Unternehmensberater (§ 3a Abs. 4 Nr. 3 UStG)
- Die Datenverarbeitung (§ 3a Abs. 4 Nr. 4 UStG)
- Die Überlassung von Informationen einschließlich gewerblicher Verfahren (§ 3a Abs. 4 Nr. 5 UStG)
- Darlehensgewährungen und Vermittlungen (§ 3a Abs. 4 Nr. 6 UStG)
- Gestellung von Personal, Personalüberlassung (§ 3a Abs. 4 Nr. 7 UStG).
- Der Verzicht eine gewerbliche oder berufliche Tätigkeit auszuüben (§ 3a Abs. 4 Nr. 9 UStG)
- Die Vermietung beweglicher körperlicher Gegenstände, ausgenommen Beförderungsmittel (§ 3a Abs. 4 Nr. 10 UStG)

- Sonstige Leistungen auf dem Gebiet der Telekommunikation (§ 3a Abs. 4 Nr. 11 UStG)

- Rundfunk- und Fernsehdienstleistungen (§ 3a Abs. 4 Nr. 12 UStG)

- Auf elektronischem Weg erbrachte sonstige Leistungen (§ 3a Abs. 4 Nr. 13 UStG)

- Die Gewährung des Zugangs zu Erdgas- oder Elektrizitätsnetzen und die Verleitung und andere damit zusammenhängende Leistungen (§ 3a Abs. 4 Nr. 14 UStG).

§ 3a Absatz 4 UStG bestimmt den Ort vorgenannter sonstiger Leistungen (Katalogleistungen) nach dem Bestimmungslandprinzip am Ort des Leistungsempfängers, nur wenn:

- der Leistungsempfänger ein Nichtunternehmer ist, der seinen Wohnort oder Sitz im Drittlandsgebiet hat.

Ist der Leistungsempfänger ein Nichtunternehmer mit einem Wohnort oder Sitz innerhalb der EU, kommen die Regelungen des Absatzes 4 nicht zur Anwendung. Dann ist der Sitzort des Leistungsgeber maßgebend (§ 3a Abs. 1 UStG, Ursprungslandprinzip). Innerhalb der EU verzichtet man also aus Praktikabilitätsgründen auf das grundsätzliche Prinzip der Bestimmungslandsbesteuerung und besteuert die sonstigen Leistungen im Ursprungsland.

Ist der Empfänger der sonstigen Leistung ein Unternehmer, wird die sonstige Leistung dort ausgeführt, wo der Unternehmer sein Unternehmen betreibt (Empfängerort; Grundregel nach § 3a Abs. 2 UStG).

Im Fall 35 erbringen die Steuerkanzlei und der Rechtsanwalt mit ihren Beratungsleistungen sonstige Leistungen. Der Ort der sonstigen Leistung bestimmt sich jedoch nicht nach § 3a Abs. 4 UStG, da der Leistungsempfänger ein Unternehmer ist. Der Ort der sonstigen Leistung ist daher am Sitzort des Leistungsempfängers nach § 3a Abs. 2 UStG zu bestimmen. Der Ort der erbrachten sonstigen Leistungen ist in Holland; die Umsätze sind in Deutschland nicht steuerbar.

Übersicht 9: Katalogleistungen an Nichtunternehm

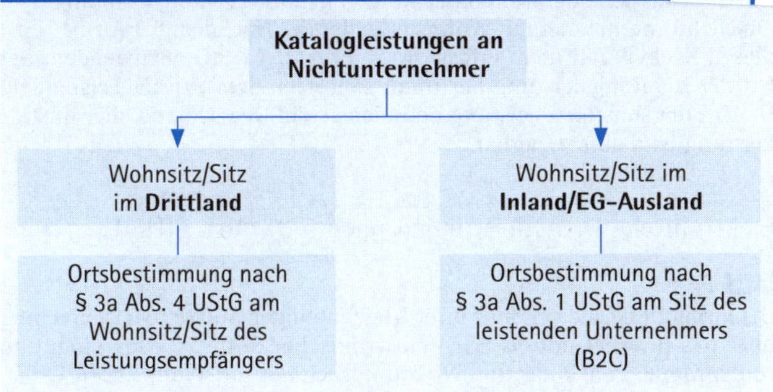

Fall 36

Herr Sicher mit Wohnsitz in der Schweiz ist Pensionär und lässt sich von der Steuerkanzlei Berberich|Volk|Wengerter|Mücke aus Aschaffenburg über die Erbschaftsteuerregelungen in Deutschland per Telefon beraten. Wo befindet sich der Ort der sonstigen Leistung?

Die Steuerkanzlei erbringt im Fall 36 mit ihrer Beratungsleistung eine sonstige Leistung. Die Tätigkeiten eines Steuerberaters gehören zu den sog. Katalogleistungen. Der Ort der sonstigen Leistung ist nach § 3a Abs. 4 UStG zu bestimmen, da der Leistungsempfänger ein Nichtunternehmer ist, der seinen Wohnsitz in der Schweiz und damit im Drittlandsgebiet hat. Der Ort der sonstigen Leistung bestimmt sich nach § 3a Abs. 4 UStG nach dem Ort des Leistungsempfängers und ist in der Schweiz. Die Beratungsleistung ist in Deutschland nicht steuerbar. Ohne Bedeutung dabei ist, dass die Beratung per Telefon von der Kanzlei in Deutschland aus erfolgte.

Fall 37

Herr Berg mit Wohnsitz in Österreich ist Pensionär und lässt sich ebenfalls von der Steuerkanzlei Berberich|Volk|Wengerter|Mücke aus Aschaffenburg über die Erbschaftsteuerregelungen in Deutschland per Telefon beraten. Wo befindet sich der Ort der sonstigen Leistung?

Die Steuerkanzlei erbringt mit ihrer Beratungsleistung eine sonstige Leistung, die zu den sog. Katalogleistungen gehört. Leistungsempfänger ist ein Nichtunternehmer mit Wohnsitz in der EU. Nachdem § 3 Abs. 4 UStG diesen Sachverhalt nicht erfasst, ist § 3a Abs. 1 UStG anzuwenden. Der Ort der Beratungsleistung bestimmt sich nach dem Ort des Leistenden. Der Ort der sonstigen Leistung befindet sich in Deutschland, die sonstige Leistung ist damit steuerbar.

Elektronische Dienstleistungen nach § 3a Abs. 5 UStG

Fall 38

Die Firma DeskCalc verkauft ihren gleichnamigen Software-Tischrechner über das Internet mittels ESD (elektronischer Software-Download) an Herrn Müde, Pensionär und Nichtunternehmer mit Wohnsitz in Österreich. Wo befindet sich der Ort der sonstigen Leistung?

Übersicht 10: Elektronische Dienstleistungen

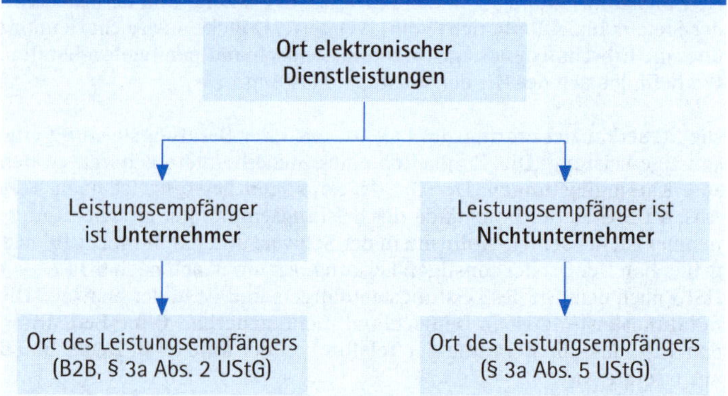

Bei elektronischen Dienstleistungen ist der Ort der sonstigen Leistung – um dem Bestimmungslandprinzip, d.h. Besteuerung am Ort des Leistungsverbrauchs gerecht zu werden – nach § 3a Abs. 5 Satz 1 UStG am Ort des Leistungsempfängers zu bestimmen. Die Vorschrift gilt nur bei Leistungen an Nichtunternehmer – bei Leistungen an Unternehmer gilt der Ort des Leistungsempfängers nach dem B2B-Prinzip (§ 3a Abs. 2 UStG). Elektronische Dienstleistungen werden daher stets am Ort des Leistungsempfängers – aber nach unterschiedlichen Rechtsvorschriften – ausgeführt.

Zu den elektronischen Dienstleistungen zählen nach § 3a Abs. 5 Satz 2 UStG

1. die sonstigen Leistungen auf dem Gebiet der Telekommunikation

2. die Rundfunk- und Fernsehdienstleistungen und

3. die auf elektronischem Weg erbrachten sonstigen Leistungen.

Leistungen auf dem Gebiet der **Telekommunikation** sind z.B. die Übertragung von Sprache und Daten via Festnetz, Mobilfunk oder Internet. **Rundfunk- und Fernsehdienstleistungen** sind Rundfunk- und Fernsehprogramme, die auf der Grundlage eines Sendeplans über Kommunikationsnetze, wie Kabel, Antenne oder Satellit, durch einen Mediendiensteanbieter unter dessen redaktioneller Verantwortung der Öffentlichkeit zum zeitgleichen Anhören oder Ansehen verbreitet werden (Artikel 6b Abs. 1 MwStVO).

Eine auf **elektronischem Weg erbrachte sonstige Leistung** ist eine Leistung, die über das Internet oder ein elektronisches Netz, einschließlich Netze zur Übermittlung digitaler Inhalte, erbracht wird und deren Erbringung auf Grund der Merkmale der sonstigen Leistung in hohem Maße auf Informationstechnologie angewiesen ist; d.h. die Leistung ist im Wesentlichen automatisiert, wird nur mit minimaler menschlicher Beteiligung erbracht und wäre ohne Informationstechnologie nicht möglich (Artikel 7 sowie Anhang I der MwStVO). Hierzu gehörten z.B. die Bereitstellung von Websites, die Bereitstellung von Software und deren Aktualisierung, die Bereitstellung von Datenbanken, die Bereitstellung von Musik oder Filmen oder Onlineversteigerungen.

Bei der Überlassung der Software auf elektronischem Wege aus Fall 38 liegt eine sonstige Leistung vor. Der Leistungsempfänger ist ein Nichtunternehmer. Der Ort der sonstigen Leistung ist in Österreich zu bestimmen; die Leistung ist daher in Deutschland nicht steuerbar. Die Firma DeskCalc muss in ihrer Rechnung österreichische Umsatzsteuer ausweisen und an den Fiskus von Österreich überweisen.

Bei einem Verkauf des Software-Tischrechners an einen Unternehmer in Österreich befindet sich der Ort der sonstigen Leistung zwar ebenfalls in Österreich – aber nach der Vorschrift § 3a Abs. 2 UStG (B2B). Abweichend vom Fall 38 (dort Leistung an Privatperson) wird der österreichische Leistungsempfänger Steuerschuldner und hat die Umsatzsteuer in Österreich anzumelden und abzuführen. Bei Leistungen an Unternehmer wird vermieden, dass sich die leistenden Unternehmer in anderen EG-Ländern registrieren lassen müssen.

Verkauft die Firma DeskCalc ihre Tischrechner-Software in einer Vielzahl von Ländern, so muss sich die Firma mit dem jeweiligen Umsatzsteuersystem des Landes auseinandersetzen, die ausländische Umsatzsteuer erheben und an die jeweilige Steuerbehörde des ausländischen Staates abführen. Zur Vereinfachung des Besteuerungsverfahren sehen die Art. 369a bis 369k MwStSystRL und § 18h UStG ein vereinfachtes Verfahren vor, mit dem der im Inland ansässige Unternehmer sämtliche EU-Umsätze aus elektronischen Dienstleistungen bei einer einzigen Anlaufstelle im Ansässigkeitsstaat anmelden kann (sog. MOSS für Mini-One-Stop-Shop). In Deutschland ist das Bundeszentralamt für Steuern (BZSt) zuständig.

Ein Antrag für die Nutzung des vereinfachten Verfahrens muss vom Unternehmer vor Beginn des Besteuerungszeitraums (Kalendervierteljahr) gestellt werden und ist nur einheitlich für alle Mitgliedstaaten der Europäischen Union möglich. Für die Umsätze aus elektronischen Dienstleistungen hat der Unternehmer für jedes Kalendervierteljahr eine gesonderte Umsatzsteuererklärung bis zum 20. Tag nach Ablauf des Besteuerungszeitraums abzugeben und die Umsatzsteuer zu entrichten.

Leitsatz 9

Steuersatz der elektronischen Dienstleistungen im Ausland

Auch wenn die Anmeldung und Abführung der Umsatzsteuer für elektronische Dienstleistungen zentral über das BZSt erfolgen kann, unterliegen die Leistungen aber immer dem Umsatzsteuersatz, der in dem Mitgliedstaat gilt, in dem der Leistungsempfänger (= Nichtunternehmer) ansässig ist

Lektion 6: Unentgeltliche Wertabgaben

Gegenstandsentnahme

Nun zur Beurteilung der verschiedenen Wege einer unentgeltlichen Wertabgabe aus einem Unternehmen. Zum einen geht es um die sog. Gegenstandsentnahme, also der Entnahme von Gegenständen für Zwecke außerhalb des Unternehmens. Des weiteren werden unentgeltliche Lieferungen an Arbeitnehmer beurteilt. Dann befasst sich der Band mit der Nutzungsentnahme, also der privaten Nutzung von betrieblichen Gegenständen oder anderen Leistungen.

Leitsatz 10

Gegenstandsentnahme

Mit der Gegenstandsentnahme wird die **Umsatzbesteuerung** des Endverbrauches **sichergestellt**.

Fall 39

Handelsvertreter Geiz aus Darmstadt hat einen neuen Laptop erworben. Den bisher genutzten Laptop, den er vor zwei Jahren bei der Firma DALL für 3.000 € gekauft hat, schenkt er in Wien seinem in Österreich lebenden Sohn anlässlich dessen Geburtstages. Nachdem Geiz von seinem Sohn kein Geld erhält, geht er davon aus, dass keine Umsatzsteuer anfällt. Ist seine Einschätzung richtig?

Die Umsatzsteuer ist eine Verbrauchssteuer, mit der der gesamte private und öffentliche Verbrauch (d.h. vom Letztverbraucher erworbene Güter und in Anspruch genommene Dienstleistungen) belastet werden soll.

Wird ein Gegenstand von einem Unternehmer erworben und dieser seinem Unternehmen zugeordnet, so hat der Unternehmer, wie wir in Lektion 16 sehen werden, einen Anspruch auf Vorsteuerabzug. Die beim Kauf anfallende Umsatzsteuer ist als Vorsteuer abzugsfähig.

Um einen unbesteuerten Endverbrauch zu verhindern, wird die Entnahme eines Gegenstandes aus dem Unternehmen für Zwecke, die außerhalb des

Unternehmens liegen, einer Lieferung gegen Entgelt gleichgestellt (sog. Gegenstandsentnahme nach § 3 Abs. 1b UStG).

Die Umsatzsteuer kann also nicht dadurch umgangen werden, dass ein Unternehmer einen Gegenstand vorab für sein Unternehmen erwirbt, um diesen später privat zu verwenden.

In der Praxis hat man allerdings schon von solchen Fällen gehört. ☺

Der Ort einer (unentgeltlichen) Lieferung wird nach § 3f UStG an dem Ort ausgeführt, von dem aus der Unternehmer sein Unternehmen betreibt.

Handelsvertreter Geiz aus Fall 39 hat seinen bisher genutzten Laptop seinem Sohn geschenkt. Er hat den Laptop damit für Zwecke verwendet, die außerhalb des Unternehmens liegen. Bei der Schenkung handelt es sich um eine Gegenstandsentnahme, die nach § 3 Abs. 1b UStG einer Lieferung gegen Entgelt gleichgestellt wird. Der Ort der Gegenstandsentnahme befindet sich in Darmstadt als Ort, von dem aus der Handelsvertreter sein Unternehmen betreibt. Die unentgeltliche Lieferung ist steuerbar. Die Übergabe an den Sohn außerhalb des Inlandes ist ohne Bedeutung.

Fall 40

Handelsvertreter Geiz hat in seinem Unternehmen einen VW Golf, den er vor zwei Jahren von seinem Nachbarn für 18.000 € gekauft hat. Der Nachbar ist Rentner und hatte das Fahrzeug vor einem Jahr bei einem Autohaus als Neufahrzeug für 29.750 € gekauft; seine Frau kam aber mit dem Fahrzeug nicht zurecht. Nachdem die Tochter von Herrn Geiz heute ihren 18ten Geburtstag feiert, schenkt Handelsvertreter Geiz seiner Tochter dieses Fahrzeug. Wieder geht Geiz davon aus, dass die Schenkung mangels Entgelt nicht der Umsatzbesteuerung unterliegt. Ist seine Einschätzung richtig? Müssen wir ihn wieder enttäuschen?

Um einen unbesteuerten Endverbrauch zu verhindern, wird die Entnahme eines Gegenstandes aus dem Unternehmen für Zwecke, die außerhalb des Unternehmens liegen, einer Lieferung gegen Entgelt gleichgestellt (sog. Gegenstandsentnahme nach § 3 Abs. 1b UStG).

Keine Gegenstandsentnahme liegt jedoch vor, wenn der Gegenstand beim Kauf nicht zum Vorsteuerabzug berechtigt hat (§ 3 Abs. 1b S. 2 UStG).

In diesem Fall ist der Gegenstand schon einmal vollständig mit Umsatzsteuer belastet worden, so dass eine nochmalige Belastung nicht erforderlich ist.

Leitsatz 11

Umsatzbesteuerung von Gegenstandsentnahmen

Eine Gegenstandsentnahme wird nur dann einer Lieferung gegen Entgelt gleichgestellt, wenn der Gegenstand **zum Vorsteuerabzug berechtigt** hat.

Im Fall 40 hatte der Rentner und Nachbar das Fahrzeug für 29.750 € erworben. Für die Lieferung des Fahrzeuges hat der Fiskus 4.750 € Umsatzsteuer erhalten. Ein Vorsteuerabzug stand dem Rentner nicht zu. Das Fahrzeug ist damit vollständig besteuert worden. Der Verkauf des Fahrzeuges an den Handelsvertreter Geiz, der das Fahrzeug dann unternehmerisch nutzte, hatte keine Umsatzsteuer ausgelöst; Geiz konnte daher beim Kauf vom Nachbarn auch keine Vorsteuer geltend machen. Die Gegenstandsentnahme wird daher keiner Lieferung gleichgestellt. Konsequenterweise entsteht bei der späteren Entnahme des Fahrzeuges keine Umsatzsteuer. Diesmal hat Geiz mit seiner Einschätzung Recht.

Das Fahrzeug in Fall 40 unterscheidet sich zu dem Laptop in Fall 39 dadurch, dass er beim Erwerb des Fahrzeuges keine Vorsteuer geltend machen konnte.

Der Umsatzbesteuerung unterliegen auch Bestandteile, die an einem Gegenstand (z.B. Fahrzeug), der ohne Berechtigung zum Vorsteuerabzug erworben wurde, eingebaut wurden, wenn der Unternehmer für diese eingebauten Gegenstände zum Vorsteuerabzug berechtigt war.

Bestandteile eines Gegenstandes sind die Wirtschaftsgüter, die auf Grund ihres Einbaus ihre körperliche und wirtschaftliche Eigenart endgültig verloren haben und die zu einer dauerhaften im Zeitpunkt der

Entnahme nicht vollständig verbrauchten Werterhöhung des Gegenstandes geführt haben.

Hätte Handelsvertreter Geiz im Fall 40 nach dem Kauf des Fahrzeuges eine Klimaanlage für 3.000 € einbauen lassen, dann würde bezüglich dieser Klimaanlage eine Gegenstandsentnahme vorliegen und der Umsatzbesteuerung unterliegen.

Übersicht 11: Gegenstandsentnahme

Unterliegen Gegenstandsentnahmen der Umsatzbesteuerung gem. § 3 Abs. 1b UStG?

GEGENSTANDSENTNAHMEN

beim Kauf Berechtigung zum Vorsteuerabzug	beim Kauf **keine** Berechtigung zum Vorsteuerabzug
↓	↓
Umsatzbesteuerung	**keine** Umsatzbesteuerung (§ 3 Abs. 1b S. 2 UStG)

Unentgeltliche Lieferungen an Arbeitnehmer

Auch unentgeltliche Zuwendungen an Arbeitnehmer können einer Umsatzbesteuerung unterliegen.

Fall 41

Handelsvertreter Geiz hat sich neben einem Laptop auch gleich einen neuen Drucker gekauft. Den bisher genutzten Drucker im Wert von 140 € und die noch vorhandene Druckerpatrone im Wert von 90 € schenkt er seiner Buchhalterin. Nachdem Geiz die Gegenstände nicht für sich privat verwendet ist seiner Meinung nach keine Umsatzbesteuerung vorzunehmen. Ist das richtig?

Aus dem Sinn und Zweck des Umsatzsteuerrechtes lässt sich schon ableiten, dass bei der unentgeltlichen Zuwendung von Gegenständen an das Personal eine Umsatzbesteuerung vorzunehmen ist. Voraussetzung ist, dass die Gegenstände beim Kauf zum Vorsteuerabzug berechtigt haben.

Unentgeltliche Zuwendungen eines Gegenstandes durch einen Unternehmer an sein Personal für dessen privaten Bedarf werden den Lieferungen gegen Entgelt gleichgestellt und unterliegen daher der Umsatzbesteuerung (§ 3 Abs. 1b Nr. 2 UStG).

Handelsvertreter Geiz hat im Fall 41 die unentgeltlichen Zuwendungen/Schenkungen des Druckers und der noch vorhandenen Druckerpatrone an seine Buchhalterin der Umsatzsteuer zu unterwerfen. Die unentgeltlichen Zuwendungen werden einer Lieferung gegen Entgelt gleichgestellt.

Keine Umsatzbesteuerung ist vorzunehmen, wenn es sich bei den unentgeltlichen Zuwendungen nur um Aufmerksamkeiten handelt. Aufmerksamkeiten sind Zuwendungen, die nach ihrer Art und nach ihrem Wert Geschenken entsprechen, die im gesellschaftlichen Verkehr üblicherweise ausgetauscht werden und zu keiner ins Gewicht fallenden Bereicherung des Arbeitnehmers führen. Zu den Aufmerksamkeiten, die keiner Umsatzbesteuerung unterliegen, rechnen danach gelegentliche Sachzuwendungen bis zu einem Wert von 60 €, z.B. Blumen, Genussmittel, Bücher oder Tonträger, die dem Arbeitnehmer aus Anlass eines besonderen persönlichen Ereignisses zugewendet werden. Gleiches gilt für Getränke, die der Arbeitgeber dem Arbeitnehmer zum Verzehr im Betrieb unentgeltlich überlässt (Abschnitt 1.8 Abs. 3 UStAE).

In den bisherigen Fällen wurden Gegenstände unentgeltlich aus dem Unternehmen entnommen (geliefert) oder unentgeltlich an Arbeitnehmer zugewendet (geliefert). Die Gegenstände wurden endgültig aus dem Unternehmensvermögen herausgelöst.

Was ist zu berücksichtigen, wenn die Gegenstände aber beim Unternehmer bzw. im Unternehmen verbleiben und nur zeitweise außerhalb des Unternehmens verwendet werden?

Nutzungsentnahme

Fall 42

Der Bauunternehmer und Maurermeister Hoch errichtet für sich ein neues Privathaus. Für die Erstellung des Rohbaus verwendet er einen Kran, den er vor Jahren vom Hersteller für 100.000 € zzgl. Umsatzsteuer erworben hat. Des Weiteren nutzt er einen VW-Transporter, der sich im Unternehmen befindet und für 20.000 € ohne Vorsteuerabzug gekauft wurde. Unterliegt die Verwendung der Gegenstände der Umsatzbesteuerung?

Wird kein Gegenstand endgültig aus dem Unternehmen entnommen (geliefert) sondern ein Gegenstand nur zeitweise für Zwecke verwendet, die außerhalb des Unternehmens liegen, so liegt eine Nutzungsentnahme (sonstige Leistung) vor.

Die Nutzungsentnahme wird einer sonstigen Leistung gegen Entgelt gleichgestellt, wenn der Gegenstand zum Vorsteuerabzug berechtigt hat (§ 3 Abs. 9a Nr. 1 UStG).

Leitsatz 12

Umsatzbesteuerung bei der Nutzungsentnahme

Eine Nutzungsentnahme wird nur dann einer sonstigen Leistung gegen Entgelt gleichgestellt, wenn der verwendete Gegenstand **zum Vorsteuerabzug berechtigt** hat.

Die Nutzungsentnahme umfasst alle sonstigen Leistungen, die ein Unternehmer im Rahmen seines Unternehmens für eigene außerhalb des Unternehmens liegende Zwecke oder für den privaten Bedarf seines Personals ausführt.

Im Fall 42 hat der Unternehmer Hoch einen Kran und einen VW-Transporter für seinen privaten Hausbau verwendet. Die Verwendung für den privaten Hausbau ist eine Verwendung für Zwecke, die außerhalb des Unternehmens liegen. Die Nutzung des Krans, der zum Vorsteuerabzug berechtigt hat, unterliegt als Verwendungsentnahme der Umsatzsteuerbesteuerung. Die Nutzung des VW-Transporters, der nicht zum Vorsteuerabzug berechtigt hat, führt hingegen nicht zu einer gegen Entgelt gleichgestellten sonstigen Leistung.

Entnahme anderer sonstiger Leistungen

Fall 43

Der Bauunternehmer und Maurermeister Hoch kommt alleine mit dem genutzten Kran und dem VW-Transporter nicht so richtig weiter. Er zieht daher die Maurergesellen Max und Moritz von einem Bautrupp ab. Gemeinsam mit den beiden Maurergesellen hat Hoch innerhalb von zwei Monaten den Rohbau fertig gestellt.

Werden keine Gegenstände für Zwecke, die außerhalb des Unternehmens liegen, verwendet, sondern unentgeltlich andere sonstige Leistungen erbracht, so löst dies unabhängig von einem Vorsteuerabzug eine Umsatzbesteuerung aus.

Einer sonstigen Leistung gegen Entgelt werden die unentgeltliche Erbringung einer anderen sonstigen Leistung für Zwecke, die außerhalb des Unternehmens liegen, gleichgestellt (§ 3 Abs. 9a UStG). Auf einen Vorsteuerabzug kommt es dabei nicht an.

Der Bauunternehmer Hoch muss im Fall 43 die von den Gesellen Max und Moritz erbrachten Maurerleistungen der Umsatzbesteuerung unterwerfen. Dies gilt trotz der Tatsache, dass der Bauunternehmer aus den Lohnkosten keinen Vorsteuerabzug geltend machen kann, denn die Maurerleistungen – aus dem Unternehmen heraus – sind noch nicht mit Umsatzsteuer belastet.

Hinweis: *Bauunternehmer Hoch wäre besser beraten gewesen, wenn er die Gesellen Max und Moritz in den beiden benötigen Monaten gar nicht über seine Baufirma, sondern als privater Arbeitgeber beschäftigt und abgerechnet hätte. So hätte sich der Bauunternehmer Hoch die Umsatzsteuerbelastung hierfür sparen können.*

Leitsatz 13

Umsatzsteuergefahr bei unentgeltlichen anderen Leistungen

Bei anderen unentgeltlichen Leistungen entsteht **Umsatzsteuer**, auch wenn die hierfür entstandenen **Aufwendungen nicht** zum **Vorsteuerabzug** berechtigt haben. Dies lässt sich durch eine **geschickte Gestaltung** vermeiden.

Abschließend soll in dieser Lektion noch mit dem folgenden Fall auf eine Spezialität hingewiesen werden.

Fall 44

Der Bauunternehmer und Maurermeister Hoch hat ein vermietetes Mehrfamilienhaus. Die Gesellen Max und Moritz sind den ganzen Monat Mai mit Ausbesserungsarbeiten an dem Mehrfamilienhaus beschäftigt. Liegt eine sonstige Leistungsentnahme vor, die einer sonstigen Leistung gegen Entgelt gleichgestellt wird?

Hierbei ist zu berücksichtigen, dass zum Unternehmen des Hoch auch die Vermietung seines Mehrfamilienhauses gehört. Nach § 2 Abs. 1 Satz 2 UStG umfasst das Unternehmen die gesamte gewerbliche und berufliche Tätigkeit. Auch wenn das Mehrfamilienhaus nicht zum ertragsteuerlichen Betriebsvermögen der Baufirma gehört – so ist es trotzdem umsatzsteuerrechtliches Unternehmensvermögen. Nachdem das Mehrfamilienhaus zum Unternehmensvermögen gehört, wurden die sonstigen Leistungen (Ausbesserungsarbeiten) für einen Gegenstand innerhalb des Unternehmens erbracht. Eine Umsatzbesteuerung ist in diesem Fall nicht vorzunehmen.

Lektion 7: Geschäftsveräußerung

Leitsatz 14

Umsatz aus Geschäftsveräußerung

Der Umsatz aus einer Geschäftsveräußerung unterliegt **nicht** der **Umsatzsteuer**.

Fall 45

Handelsvertreter Alt möchte sich zur Ruhe setzen und verkauft sein Unternehmen an Herrn Jung. Neben der Kundenkartei übernimmt Herr Jung die gesamte Büroeinrichtung, die EDV sowie die Firmenfahrzeuge. Außerdem übernimmt Jung die Beschäftigungsverhältnisse mit zwei Außendienstmitarbeitern, einer kaufmännischen Angestellten und der Buchhalterin. Handelsvertreter Alt hat auch mitgewirkt, dass die bestehenden Handelsvertreterverträge und der bisher bestehende Mietvertrag für die Büroräume auf Herrn Jung übergehen. Vereinbarungsgemäß zahlt Herr Jung einen Betrag in Höhe von 200.000 € an Herrn Alt. Ist der Verkauf umsatzsteuerbar?

Bei einer Geschäftsveräußerung finden eine Vielzahl von einzelnen Lieferungen (Verkauf von Gegenständen) und sonstigen Leistungen (Übertragung von Software, Rechte, Kundenbeziehungen) statt.

Nach § 1 Abs. 1a UStG unterliegen die Umsätze im Rahmen einer Geschäftsveräußerung nicht der Umsatzsteuer, wenn diese an einen anderen Unternehmer für dessen Unternehmen ausgeführt werden.

Eine Geschäftsveräußerung liegt vor, wenn die wesentlichen Grundlagen eines Unternehmens an einen Unternehmer für dessen Unternehmen übertragen werden. Voraussetzung dabei ist, dass eine organische Zusammenfassung von Sachen und Rechten übertragen wird, die dem Erwerber die Fortführung des Unternehmens ermöglicht. Allerdings muss der Erwerber dies auch wirklich tun. Der Fortsetzung der bisher durch den Veräußerer ausgeübten Tätigkeit steht nicht entgegen, wenn der Erwerber den von ihm erworbenen Geschäftsbetrieb in seinem Zuschnitt ändert oder modernisiert. Die sofortige Abwicklung der übernommenen Geschäftstätigkeit schließt jedoch die Geschäftsveräußerung aus.

Welches die wesentlichen Grundlagen sind, richtet sich nach den tatsächlichen Verhältnissen im Zeitpunkt der Übereignung (Abschnitt 1.5 Abs. 4 UStAE).

Die wesentlichen Grundlagen gelten auch dann als übertragen, wenn diese zwar nicht mit dinglicher Wirkung übertragen, sondern an den Erwerber vermietet oder verpachtet werden und damit die Fortführung des Unternehmens gewährleistet ist.

Handelsvertreter Alt hat im Fall 45 sein Unternehmen als „lebendes Unternehmen" an Herrn Jung übertragen. Herr Jung hat alle für die Handelsvertretung wesentlichen Grundlagen übernommen. Die Umsätze aus der Geschäftsveräußerung unterliegen daher nicht der Umsatzsteuer. Dies gilt auch dann, wenn Herr Jung bisher noch nicht als Unternehmer tätig war und Herr Jung mit dem Erwerb die unternehmerische Tätigkeit beginnt (Abschnitt 1.5 Abs. 1 Satz 1 UStAE).

Der Verkauf eines Grundstücks durch einen Vermietungsunternehmer kann eine Geschäftsveräußerung darstellen. Dabei ist nicht nur an große Eigentümergemeinschaften wie Immobilienfonds zu denken, sondern auch an Grundstücke, die im Alleineigentum einer Person oder einer abgeschlossenen Personenmehrheit gehören. Verkauft der Vermietungsunternehmer seinen Grundbesitz, so ist eine Grundstücksveräußerung anzunehmen, wenn der Käufer das Grundstück weiterhin vermietet. Nutzt dagegen der Käufer das Grundstück selbst für seinen Betrieb, so führt er das Vermietungsunternehmen nicht fort – eine Geschäftsveräußerung ist dann nicht anzunehmen. Gleiches gilt beim Verkauf eines Grundstücks, welches nicht vermietet oder verpachtet ist.

Leitsatz 15

Geschäftsveräußerung bei Vermietungsunternehmen

Eine **nicht steuerbare** Grundstücksveräußerung setzt voraus, dass der Erwerber das Vermietungsunternehmen durch die Vermietung des Grundstücks fortsetzt.

Die Umsätze aus der Geschäftsveräußerung unterliegen auch dann nicht der Umsatzsteuer, wenn das Unternehmen nicht verkauft, sondern unentgeltlich, z.B. an einen Sohn, übertragen wird. Ohne diese Regelung würde – trotz durchgängiger unternehmerischer Verwendung – Umsatzsteuer entstehen, da für eine unentgeltliche Übertragung (Schenkung) außerunternehmerische (private) Gründe maßgebend sind und eine solche unentgeltliche Wertabgabe ohne diese Sonderregelung einen steuerbaren Umsatz darstellt.

Fall 46

Die Steuerberatungsgesellschaft B|V|W|M hat ihren Hauptsitz in Aschaffenburg. In Dresden befindet sich eine Betriebsstätte, in der das gesamte Leistungsspektrum einer Steuerberatungskanzlei angeboten wird. Die Mandanten aus Dresden und Sachsen werden selbständig von der Betriebsstätte aus betreut. Die Betriebsstätte verfügt über eine eigene Buchhaltung und Verwaltung zur Rechnungserstellung samt Mahnwesen und eine eigene EDV. Die Steuerberatungsgesellschaft verkauft ihre Betriebsstätte an einen jungen dynamischen Steuerberater. Liegt eine nicht steuerbare Geschäftsveräußerung vor, obwohl nicht das gesamte Unternehmen verkauft wurde, sondern nur eine Betriebsstätte?

Eine Geschäftsveräußerung liegt auch vor, wenn ein in der Gliederung eines Unternehmens gesondert geführter Betrieb im Ganzen übertragen wird. Ein in der Gliederung eines Unternehmens gesondert geführter Betrieb liegt vor, wenn er wirtschaftlich selbständig tätig ist. Er muss einen für sich lebensfähigen Organismus haben, der unabhängig von den anderen Geschäften des Unternehmens nach Art eines selbständigen Unternehmens betrieben worden ist und nach außen hin ein selbständiges, in sich abgeschlossenes Wirtschaftsgebilde gewesen ist.

Im Fall 46 war die Betriebsstätte in Dresden wirtschaftlich selbständig. Sie hatte einen lebensfähigen Organismus der unabhängig von der Hauptniederlassung in Aschaffenburg betrieben worden ist. Bei der Veräußerung handelt es sich daher um eine Geschäftsveräußerung. Der Verkauf unterliegt als Geschäftsveräußerung damit nicht der Umsatzsteuer.

II. Unternehmer, Steuerbefreiungen

Lektion 8: Unternehmer

Leitsatz 16

Unternehmer

Nur Leistungen von Unternehmern sind umsatzsteuerpflichtig.

Unternehmer als Steuersubjekt

Unternehmer ist, wer eine gewerbliche oder berufliche Tätigkeit selbständig ausübt (§ 2 Abs. 1 Satz 1 UStG). Doch wer ist überhaupt fähig, Unternehmer zu sein?

Fall 47

Der 13-jährige Schüler Pfiffig hat ein Computerprogramm entwickelt, welches Computer vor Viren und SPAM schützt. Nachdem der Schüler noch nicht geschäftsfähig ist, wird er von seinen Eltern beim Verkauf der Software über einen Onlineshop im Internet vertreten. Besitzt der 13-jährige Schüler die Unternehmerfähigkeit?

Unternehmer kann jede natürliche Person sein. Die Unternehmerfähigkeit beginnt mit der Geburt und endet mit dem Tode. Die Unternehmerfähigkeit deckt sich daher mit der Rechtsfähigkeit, d.h. der Fähigkeit, Träger von Rechten und Pflichten zu sein. Ohne Bedeutung ist, dass der Schüler nicht voll geschäftsfähig ist (nach § 106 BGB ist ein Minderjähriger, der das siebente Lebensjahr vollendet hat, beschränkt geschäftsfähig).

Im Fall 47 besitzt der Schüler die Unternehmerfähigkeit. Wie sich noch zeigen wird, ist der Schüler mit dem Verkauf seiner Software (auch wenn er durch seine Eltern vertreten wird) Unternehmer.

Neben natürlichen Personen können auch juristische Personen (GmbH, AG) sowie Personengesellschaften und -zusammenschlüsse (GbR, OHG, KG) Unternehmer sein.

Bei der Gründung von juristischen Personen ist zu unterscheiden zwischen

- der Gesellschaft vor Abschluss des Gesellschaftsvertrages (Vorgründungsgesellschaft),
- der Gesellschaft nach Abschluss des notariell beurkundeten Gesellschaftsvertrages - noch vor Eintragung der GmbH im Handelsregister (Vorgesellschaft)
- und der eingetragenen GmbH.

Zwischen der Vorgesellschaft und der eingetragenen GmbH ist von einer Identität auszugehen, so dass die Unternehmerfähigkeit bereits mit dem Abschluss des Gesellschaftsvertrages beginnt.

Fall 48

Die Herren Tic, Tac und Tuc sind im Oktober auf eine Geschäftsidee gestoßen. Nachdem sie den Markt geprüft haben, beschließen sie im November gemeinsam eine GmbH zu gründen. Der Notar erarbeitet einen Gesellschaftsvertrag, der noch im Dezember beurkundet wird. Die Eintragung der GmbH unter der Firma Tic, Tac und Tuc GmbH erfolgt jedoch erst im Februar des nächsten Jahres. Wann beginnt die Unternehmerfähigkeit der GmbH?

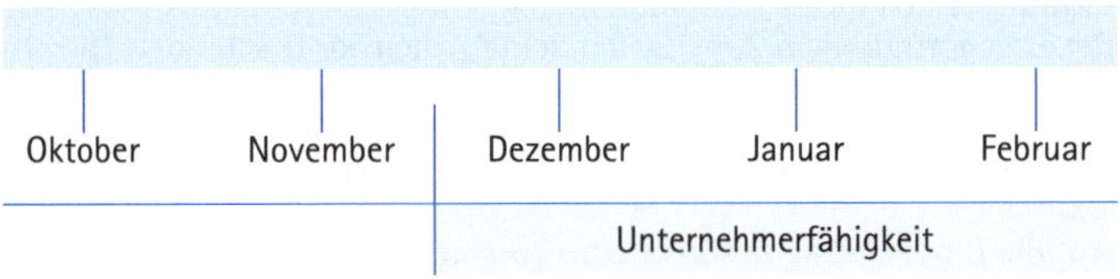

Mit dem Abschluss des Gesellschaftsvertrages im Dezember entsteht zivilrechtlich die sog. Vorgesellschaft, bei der eine umsatzsteuerrechtliche Identität mit der im Februar eingetragenen GmbH anzunehmen ist. Die Unternehmerfähigkeit der GmbH beginnt daher im Fall 48 am Tag der notariellen Beurkundung des Gesellschaftsvertrages.

Unternehmer ist nach § 2 Abs. 1 UStG jedoch nur, wer selbständig eine gewerbliche oder berufliche Tätigkeit ausübt.

Selbständigkeit

Fall 49

Der Buchhalter Konts ist aufgrund eines Vertrages über die „freie Mitarbeit“ bei der Autohaus GmbH seit drei Jahren tätig. Nach seinem Vertrag erhält er pro geleisteter Arbeitstunde 30 €. Konts arbeitet regelmäßig ca. 25 Stunden für die Autohaus GmbH. Seine Tätigkeiten übt er in den Geschäftsräumen der Autohaus GmbH aus. Neben der Kontierung der laufenden Geschäftsvorfälle bespricht er mit Kunden Rechnungen und erstellt Mahnungen und ggf. Gutschriften.

Eine selbständige Tätigkeit liegt vor, wenn sie auf eigene Rechnung und auf eigene Verantwortung ausgeübt wird. Ob Selbständigkeit oder Unselbständigkeit anzunehmen ist, richtet sich grundsätzlich nach dem Innenverhältnis zum Auftraggeber.

Eine Tätigkeit wird nicht selbständig ausgeübt, soweit eine natürliche Person in einem Unternehmen derart eingegliedert ist, dass sie den Weisungen des Auftraggebers zu folgen verpflichtet ist. Diese negative Abgrenzung zur Selbständigkeit entspricht der Begriffsbestimmung des Dienstverhältnisses in § 1 Abs. 2 der Lohnsteuer-Durchführungsverordnung. Nach dieser Bestimmung liegt ein Dienstverhältnis vor, wenn der Beschäftigte dem Arbeitgeber seine Arbeitskraft schuldet. Dies ist der Fall, wenn die tätige Person in der Betätigung ihres geschäftlichen Willens unter der Leitung des Arbeitgebers steht oder im geschäftlichen Organismus dessen Weisungen zu folgen verpflichtet ist.

Auf die Bezeichnung des Vertrages kommt es nicht an.

Maßgebend ist das Gesamtbild der tatsächlichen Verhältnisse. Dies bedeutet, dass die für und gegen die Unternehmereigenschaft sprechenden Merkmale, die im Einzelfall unterschiedlich gewichtet werden können, gegeneinander abgewogen werden. In diese Würdigung sind auch die der Tätigkeit zugrunde liegenden Vertragsverhältnisse einzubeziehen, sofern sie ernsthaft gewollt und tatsächlich durchgeführt worden sind.

Übersicht 12: Nichtselbständigkeit

Kriterien zur Beurteilung der Selbständigkeit bzw. Nichtselbständigkeit

Für die **Nichtselbständigkeit** können folgende Merkmale sprechen:
- persönliche Abhängigkeit
- Weisungsgebundenheit bezüglich Ort, Zeit und Inhalt der Tätigkeit
- feste Arbeitszeiten
- Ausübung der Tätigkeit gleichbleibend an einem bestimmten Ort
- feste Bezüge
- Urlaubsanspruch
- Anspruch auf sonstige Sozialleistungen
- Fortzahlung der Bezüge im Krankheitsfall
- Notwendigkeit der engen ständigen Zusammenarbeit mit anderen Mitarbeitern
- Eingliederung in den Betrieb
- Schulden der Arbeitskraft und nicht eines Arbeitserfolgs
- Ausführung von einfachen Tätigkeiten, bei denen eine Weisungsgebundenheit die Regel ist

Für **Selbständigkeit** sprechen:
- Selbständigkeit in Organisation und Durchführung der Tätigkeit
- Unternehmerrisiko
- Unternehmerinitiative
- geschäftliche Beziehungen zu mehreren Vertragspartnern

Im Fall 49 schuldet Herr Konts seine Arbeitsleistung und erhält hierfür 30 € Stundenlohn. Herr Konts ist in das Unternehmen – wie ein Arbeitnehmer – eingegliedert. Auch die Dauer des Vertragsverhältnisses und die Regelmäßigkeit seiner Tätigkeit sprechen gegen eine Selbständigkeit. Herr Konts ist daher – auch wenn dies von ihm und von der Autohaus GmbH gar nicht gewünscht wird – nicht selbständig tätig und daher auch kein Unternehmer. Die Autohaus GmbH beschäftigt Herrn Konts als sog. Scheinselbständigen und macht sich auch wegen der Verkürzung von Sozialabgaben strafbar.

Eine Personengesellschaft des Handelsrechts ist stets selbständig tätig. Auch eine Kapitalgesellschaft ist – abgesehen von dem Fall der Organschaft – selbständig tätig. Das Weisungsrecht von Gesellschafterversammlungen gegenüber Geschäftsführern führt nicht zur Unselbständigkeit.

Bei einer Personengesellschaft ist nicht nur die Personengesellschaft Unternehmer, sondern auch die Gesellschafter, wenn diese Leistungen gegenüber der Personengesellschaft erbringen. In der Praxis ist häufig anzutreffen, dass ein Gesellschafter einer OHG oder KG für seine Arbeitsleistung eine feste Sondervergütung erhält. In diesem Fall findet ein Leistungsaustausch zwischen dem Gesellschafter und der Personengesellschaft statt und der Gesellschafter wird schon dadurch zum Unternehmer. Unternehmerisch ist auch eine sog. Komplementär-GmbH gegenüber einer GmbH & Co. KG tätig, wenn sie für die Haftungsübernahme ein gesondertes Entgelt (sog. Haftungsvergütung) erhält. Es ist dabei ohne Bedeutung, dass sich die Haftung des Komplementärs nach dem Gesetz (§ 161 Abs. 1 HGB) ergibt.

Gewerbliche oder berufliche Tätigkeit

Fall 50

Herr Schnell ist bei der Audi AG als Controller beschäftigt. Als Werksangehöriger ist er nach jeweils 12 Monaten berechtigt, ein neues Fahrzeug von der Audi AG zu erwerben. Herr Schnell erwirbt jährlich ein neues Auto und verkauft das bisherige Fahrzeug an fremde Dritte. Wird Herr Schnell durch seinen jährlichen Jahreswagenverkauf zum Unternehmer?

Gewerblich oder beruflich ist jede nachhaltige Tätigkeit zur Erzielung von Einnahmen, auch wenn die Absicht, Gewinn zu erzielen, fehlt.

Eine gewerbliche oder berufliche Tätigkeit setzt voraus, dass Leistungen im wirtschaftlichen Sinn ausgeführt werden. Dazu zählen Veräußerungstätigkeiten, Erbringung von Dienstleistungen, Nutzungsüberlassungen oder der Verzicht auf die Ausübung von Tätigkeiten.

Die gewerbliche oder berufliche Tätigkeit muss nachhaltig ausgeübt werden. Eine gewerbliche oder berufliche Tätigkeit wird nachhaltig ausgeübt, wenn sie auf Dauer zur Erzielung von Entgelten ausgelegt ist.

„Nachhaltig" bedeutet sich auf längere Zeit stark auswirkend. Es muss also eine auf Dauer angelegte Tätigkeit zur Erzielung von Entgelten (im weitesten Sinne gewerbliche oder berufliche Tätigkeit) gegeben sein.

Als Kriterien für die Nachhaltigkeit einer Tätigkeit kommen in Betracht:

- mehrjährige Tätigkeit
- planmäßiges Handeln
- auf Wiederholung angelegte Tätigkeit
- die Ausführung von mehr als einem Umsatz
- Intensität des Tätigwerdens
- Beteiligung am Markt
- Auftreten wie ein Händler
- Unterhalten eines Laden-/Geschäftslokals.

Die Frage der Nachhaltigkeit ist nach dem Gesamtbild der Verhältnisse zu entscheiden.

Herr Schnell ist im Fall 50 selbständig tätig. Der Verkauf des Fahrzeuges erfolgt außerhalb seines Beschäftigungsverhältnisses bei der Audi AG auf eigene Rechnung und auf eigene Verantwortung. Mit der Selbständigkeit ist aber die Unternehmerfrage noch nicht abschließend geklärt. Ob er Unternehmer ist, hängt davon ab, ob der Verkauf von Jahreswagen eine nachhaltige Tätigkeit zur Erzielung von Einnahmen ist.

Der Bundesfinanzhof vertritt seit 1991 die Auffassung, dass bei einem Verkauf von sog. Jahresfahrzeugen nach mehr als einem Jahr die Intensität der wirtschaftlichen Betätigung so gering ist, dass eine unternehmerische Betätigung nicht anzunehmen ist. Der Angehörige eines Automobilwerks, der in größeren Abständen einen Jahreswagen verkauft, rückt in die Nähe eines Privatmannes, der ebenfalls in regelmäßigen Abständen sein Auto zu verkaufen pflegt, ohne dass er deshalb zum

Unternehmer wird. Nach alledem ist Herr Schnell mangels einer nachhaltigen gewerblichen Tätigkeit kein Unternehmer. Beim Kauf der Fahrzeuge kann Herr Schnell keinen Vorsteuerabzug geltend machen, der Verkauf der Fahrzeuge unterliegt nicht der Umsatzsteuer.

Wie ausgeführt, sind juristische Personen – abgesehen vom Fall der Organschaft – stets selbständig tätig. Fraglich ist, ob diese damit auch automatisch immer Unternehmer sind?

Fall 51

Die MES Holding GmbH hat sich mit einem Wert von 25 Mio. € an der BM Aktiengesellschaft beteiligt. Der Unternehmensgegenstand beschränkt sich auf das Halten dieser Beteiligung. Ist die MES Holding GmbH Unternehmer?

Die MES Holding GmbH ist selbständig. Allerdings ist das Erwerben und Halten von Beteiligungen an Kapitalgesellschaften keine nachhaltige gewerbliche Tätigkeit, da dies keine wirtschaftliche Leistung darstellt. Die MES Holding GmbH ist zwar selbständig, aber mangels nachhaltiger beruflicher oder gewerblicher Tätigkeit kein Unternehmer, was den einen oder anderen überraschen mag.

Hinweis: *Die MES Holding GmbH kann mangels Unternehmereigenschaft keinen Vorsteuerabzug geltend machen. Nur ein Unternehmer ist zum Vorsteuerabzug berechtigt.*

Beginn und Ende der Unternehmereigenschaft

Die Unternehmereigenschaft beginnt mit dem ersten nach außen erkennbaren, auf eine Unternehmertätigkeit gerichteten Tätigwerden, wenn die spätere Ausführung entgeltlicher Leistungen beabsichtigt ist.

Die Unternehmereigenschaft endet im dem letzten Tätigwerden. Der Zeitpunkt der Einstellung der werbenden Tätigkeit oder die Abmeldung des Gewerbebetriebes bei der Gemeinde/Stadt sind ohne Bedeutung.

Organschaft bei juristischen Personen

Fall 52

Die Artos Computer AG handelt mit Computern und sonstiger EDV-Hardware. Der Vertrieb an Endkunden ist in einer eigenen GmbH, der Artos Vertriebs GmbH, organisiert. Die Artos Vertriebs GmbH erhält für ihre Vertriebstätigkeiten eine Provision. Vorstand der Artos AG und der Artos Vertriebs GmbH ist Herr Fux. Ist die Artos Vertriebs GmbH Unternehmer?

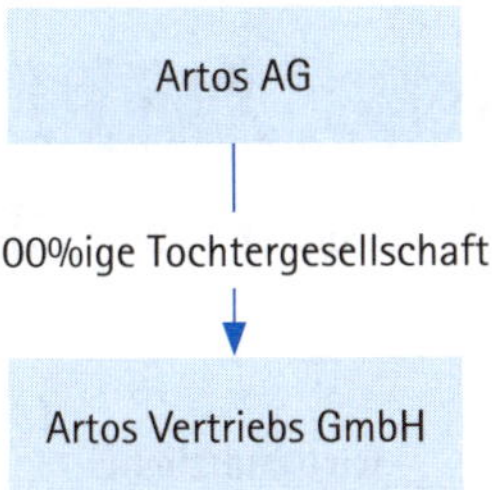

Unternehmer ist, wer eine gewerbliche oder berufliche Tätigkeit selbständig ausgeübt (§ 2 Abs. 1 Satz 1).

Eine juristische Person ist nicht selbständig tätig, wenn diese nach dem Gesamtbild der tatsächlichen Verhältnisse finanziell, wirtschaftlich und organisatorisch in das Unternehmen des Organträgers eingegliedert ist (§ 2 Abs. 2 Nr. 2 UStG). Es liegt dann eine Organschaft vor.

Leitsatz 17

Organgesellschaften sind keine Unternehmer

Organgesellschaften sind, da **nicht** selbständig, **keine** Unternehmer. Die von den Organgesellschaften ausgeführten **Umsätze** werden dem **Organträger** zugerechnet.

Eine finanzielle Eingliederung liegt vor, wenn der Organträger an der Organgesellschaft so beteiligt ist, dass er seinen Willen durch Mehrheitsbeschluss durchsetzen kann. Erforderlich ist also die Mehrheit der Stimmen, grundsätzlich also mehr als 50 v.H.

Wirtschaftlich ist eine Organgesellschaft umsatzsteuerlich in das Unternehmen des Organträgers eingegliedert, wenn zwischen der Organgesellschaft und dem Unternehmen des Organträgers ein vernünftiger wirtschaftlicher Zusammenhang im Sinne einer wirtschaftlichen Einheit, Kooperation oder Verflechtung vorhanden ist. Die Tätigkeiten von Organträger und Organgesellschaft müssen aufeinander abgestimmt sein. Sie müssen sich fördern und ergänzen.

Übersicht 13: Organschaften

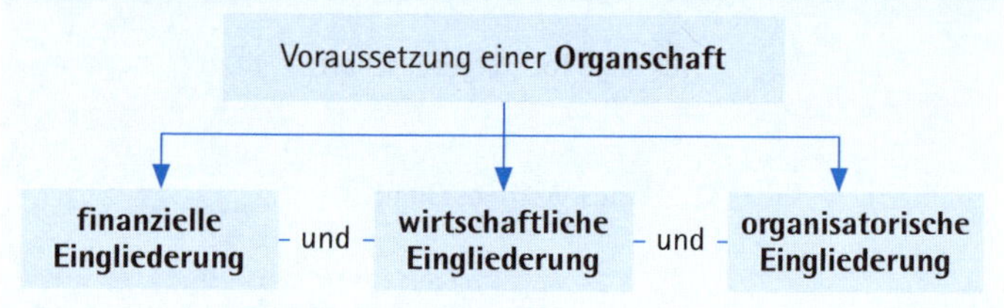

Eine organisatorische Eingliederung liegt vor, wenn sichergestellt ist, dass in der finanziell beherrschten Gesellschaft der Wille der beherrschenden Gesellschaften in der laufenden Geschäftsführung auch tatsächlich durchgeführt wird. Aus der finanziellen Eingliederung folgt regelmäßig die organisatorische Eingliederung.

Es ist nicht erforderlich, dass die finanzielle, wirtschaftliche und organisatorische Eingliederung deutlich vorliegt. Nach dem Gesamtbild der tatsächlichen Verhältnisse kann die Selbständigkeit auch dann fehlen, wenn die Eingliederung auf einem der drei Gebiete nicht vollkommen ist. Allerdings reicht es nicht aus, dass eine Eingliederung nur in Bezug auf zwei von den drei Merkmalen besteht.

Die Artos Vertriebs GmbH aus Fall 52 ist eine juristische Person, so dass die Tatbestandsvoraussetzungen einer Organschaft zu prüfen sind. Sie ist finanziell eingegliedert, da die Artos Computer AG 100 % aller Anteile und Stimmen hält; ausreichend wären mehr als 50 %. Die Artos Vertriebs

GmbH ist als Vertriebsgesellschaft für die Artos Computer AG tätig, so dass diese auch wirtschaftlich in die Artos Computer AG - wie eine Abteilung - eingegliedert ist. Durch die finanzielle Eingliederung ergibt sich regelmäßig auch die organisatorische Eingliederung. Im Fall 52 ist diese durch die Personalunion von Vorstand der AG und Geschäftsführung der GmbH besonders ausgeprägt. Damit ist sichergestellt, dass in der Organgesellschaft der Wille der beherrschenden Gesellschaft berücksichtigt wird. Die Artos Vertriebs GmbH ist, da die Voraussetzungen einer Organschaft erfüllt sind, nicht selbständig tätig (zumindest soweit sich die Umsätze auf das Inland beschränken).

Aus § 2 Abs. 2 Nr. 2 UStG folgt, dass die von der sog. Organgesellschaft bewirkten Umsätze einem Dritten, dem Organträger, zuzurechnen sind (BFH-Urteil vom 21.06.2001, V R 68/00, BStBl. II 2002 S. 255). Die Leistungen zwischen der Artos AG als Organträger und der Artos Vertriebs GmbH als Organgesellschaft stellen sog. nicht steuerbare Innenumsätze dar.

Die Organschaft stellt für den Organträger eine große Gefahr dar. Wird die Tochtergesellschaft, mit der ein Organschaftsverhältnis besteht, insolvent, so müssen - wie wir in Lektion 23 sehen werden - die Vorsteuerbeträge aus den noch nicht bezahlten Eingangsleistungen zurückgezahlt werden. Diese Verpflichtung trifft dann nämlich den Organträger selbst. Andere Gläubiger die Ansprüche gegenüber der Tochtergesellschaft gelten machen, können in der Regel nicht auf das Vermögen der Muttergesellschaft zugreifen. Die Organschaft durchbricht damit für die Umsatzsteuer das „Haftungsschild" einer Tochtergesellschaft. Eine Organschaft kann andererseits Vorteile bringen, nämlich dann, wenn die beteiligten Gesellschaften nicht zum Vorsteuerabzug berechtigt sind. Ohne ein Organschaftsverhältnis müssten dann Leistungen zwischen den Gesellschaften mit Umsatzsteuer abgerechnet werden, ohne dass der Leistungsempfänger den Vorsteuerabzug geltend machen kann.

Leitsatz 18

!

Gefahren einer Organschaft

Die Organschaft stellt für den Organträger im **Insolvenzfall** ein hohes wirtschaftliches **Risiko** dar. Bei drohender Insolvenz müssen daher bewusst die Voraussetzungen, die zur Organschaft führen, beseitigt werden.

Zu beachten ist aber, dass die Wirkungen einer Organschaft auf das Inland beschränkt sind.

Fall 53

Die Artos AG möchte ihre Marktanteile in Frankreich ausbauen und hat daher eine französische Vertriebsgesellschaft unter der Firma Artos Frankreich S.A.R.L. (franz. GmbH) mit Sitz in Paris gegründet.

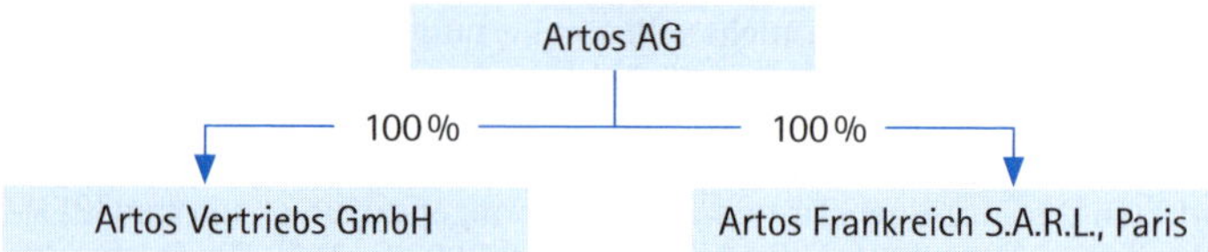

Die Artos Frankreich S.A.R.L. ist als juristische Person, wie ihre Schwestergesellschaft die Artos Vertriebs GmbH aus Fall 53, finanziell, wirtschaftlich und organisatorisch in die Artos Computer AG eingegliedert. Nachdem die Grundsätze über die Organschaft jedoch nur auf das Inland beschränkt sind, ist die Artos Frankreich S.A.R.L. im Gegensatz zu ihrer deutschen Schwestergesellschaft selbständig tätig.

Kleinunternehmer

Leitsatz 19

Kleinunternehmer

Kleinunternehmer **werden** von den umsatzsteuerrechtlichen Vorschriften **verschont**.

Fall 54

Die Frauen Klein und Fein haben vor zwei Jahren die Klein & Fein GbR gegründet. Die GbR handelt mit Gemüse und Obst aus Bioanbau. Im letzten Jahr hat die GbR einen Umsatz von 15.000 € erzielt. Für das laufende Jahr erwarten die Frauen einen Umsatz von 20.000 €.

Nach § 19 UStG wird die Umsatzsteuer für Lieferungen und sonstige Leistungen von inländischen Unternehmern nicht erhoben, wenn der

Gesamtumsatz aus Übersicht 14 zzgl. der darauf entfallenden Steuer im vorangegangenen Kalenderjahr 17.500 € nicht überstiegen hat und im laufenden Kalenderjahr 50.000 € voraussichtlich nicht übersteigen wird (sog. Kleinunternehmer).

Übersicht 14: Gesamtumsatz nach § 19 UStG

	Steuerbare Umsätze für Lieferungen und sonstige Leistungen
./.	Steuerfreie Umsätze nach § 4 Nr. 8i, Nr. 9b) und 11 bis 28 UStG
./.	Steuerfreie Umsätze nach § 4 Nr. 8a – h, Nr. 9a) und 10 UStG (als Hilfsumsätze)
./.	Umsatz aus der Veräußerung von Anlagevermögen
=	**Gesamtumsatz**

Der Gesamtumsatz ist nach vereinnahmten Entgelten zu berechnen.

Der Gesamtumsatz des Vorjahres ist nach den tatsächlich ausgeführten Umsätzen zu bestimmen. Für die Grenze von 50.000 € für das laufende Kalenderjahr kommt es darauf an, ob der Unternehmer diese Bemessungsgröße voraussichtlich nicht überschreiten wird. Maßgebend ist die zu Beginn eines Jahres vorzunehmende Beurteilung der Verhältnisse für das laufende Kalenderjahr. Ein Überschreiten der Grenze im laufenden Jahr – abweichend von der Planung/Schätzung – ist ohne Bedeutung.

Nachdem die Klein & Fein GbR aus Fall 54 im vorangegangenen Kalenderjahr mit ihrem Umsatz von 15.000 € die Grenze von 17.500 € und im laufenden Jahr den zu erwartende Umsatz von 20.000 € die Grenze von 50.000 € nicht übersteigt, wird die Umsatzsteuer nicht erhoben.

Bei der Neuaufnahme der unternehmerischen Tätigkeit ist mangels Vorjahresumsatz nur auf das laufende Kalenderjahr abzustellen. Nach der Zweckbestimmung der Vorschrift ist hierbei jedoch die Grenze von 17.500 € maßgebend.

Fall 55

Frau Gross hat am 29. März letzten Jahres ihre unternehmerische Tätigkeit begonnen. Zuvor war sie seit 01.02. bis zum Unternehmensbeginn auf einer von der Agentur für Arbeit geförderte Schulung zur Vorbereitung der selbständigen Existenz. Im letzten Jahr erzielte sie einen Umsatz von 15.000 €. Im laufenden Jahr rechnet sie mit einem Umsatz von 20.000 €. Ist Frau Gross im laufenden Jahr Kleinunternehmer?

Im Zweitjahr, dem Kalenderjahr, das dem Jahr der Neuaufnahme folgt, ist der Vorjahresumsatz auf volle Monate umzurechnen. Eine Schulung des Unternehmers, die der Gründung des Unternehmens vorangeht, ist grundsätzlich noch keine gewerbliche oder berufliche Tätigkeit, die den Beginn des Unternehmens beeinflusst.

Frau Gross ist im laufenden Jahr Kleinunternehmer, wenn der Vorjahresumsatz die Grenze von 17.500 € und im laufenden Jahr voraussichtlich die Grenze von 50.000 € nicht übersteigt. Dabei ist zu beachten, dass sie die unternehmerische Tätigkeit nicht während des gesamten letzten Jahres ausgeübt hat. Der Vorjahresumsatz ist auf das Kalenderjahr umzurechnen. Dabei bleiben die Zeiten der Schulung außer Ansatz. Angefangene Kalendermonate sind bei der Umrechnung als volle Kalendermonate behandeln.

Der umgerechnete Jahresgesamtumsatz des Vorjahres beträgt 18.000 € (15.000 € für zehn Monate) und übersteigt damit die Grenze von 17.500 €. Frau Gross ist daher im laufenden Jahr kein Kleinunternehmer mehr. Ohne Bedeutung ist, dass der zu erwartende Umsatz im laufenden Jahr die Grenze von 50.000 € nicht übersteigen wird.

Folgen der Kleinunternehmerregelung

Bei Kleinunternehmern wird die Umsatzsteuer für die Umsätze nicht erhoben.

Dementsprechend sind die Vorschriften über den gesonderten Ausweis der Umsatzsteuer oder die Angabe der Umsatzsteueridentifikationsnummer in den Rechnungen nicht anzuwenden.

Es wäre zu schön, wenn die Kleinunternehmerregelung keine Nachteile hätte. Und diese können gravierend sein. Bei Kleinunternehmern sind die Vorschriften über den Vorsteuerabzug nach § 15 UStG nicht anzuwenden (§ 19 Abs. 1 Satz 4 UStG). Die in den Leistungsbezügen enthaltenen Vorsteuerbeträge werden daher zum Kostenfaktor. Es ist zu prüfen und abzuwägen, ob die Kleinunternehmerregelungen überhaupt günstig sind.

Die Kleinunternehmerregelung ist nicht zu empfehlen für Unternehmer, die ausschließlich oder überwiegend Leistungen gegenüber zum Vorsteuerabzug berechtigenden Unternehmern erbringen. Ohne Kleinunternehmerregelung ist die Umsatzsteuer für Leistungsempfänger ein erfolgsneutraler durchlaufender Posten, ebenso für den Kleinunternehmer. Der Kleinunternehmer erhält aber den Vorsteuerabzug aus seinen Leistungsbezügen.

Die Regelungen sind auch dann nicht zu empfehlen, wenn der Unternehmer erwartet, dass seine mit Vorsteuer belasteten Leistungsbezüge die eigenen Umsätze übersteigen werden.

Option zur Regelbesteuerung

Der Kleinunternehmer kann gegenüber dem Finanzamt bis zur Unanfechtbarkeit der Steuerfestsetzung erklären, dass er auf die Anwendung der Kleinunternehmerregelungen verzichtet. Der Kleinunternehmer ist dann ein sog. Regelbesteuerer auf den alle Vorschriften des Umsatzsteuergesetzes uneingeschränkt Anwendung finden, insbesondere besteht die Berechtigung zum Vorsteuerabzug aus Investitionen, Wareneinkäufen und bezogenen Leistungen. Der Verzicht ist grundsätzlich dann sinnvoll wenn der (Klein-)Unternehmer Leistungen gegenüber anderen Unternehmern erbringt. An die Option ist der Unternehmer fünf Jahre lang gebunden.

Die Option zur Regelbesteuerung kann bis zur Unanfechtbarkeit erklärt werden.

Leitsatz 20

Vorteilhaftigkeit zur Option

Der (Klein-)Unternehmer wird grundsätzlich zur **Regelbesteuerung optieren** und wird damit vorsteuerabzugsberechtigt, **wenn** er **Leistungen** an andere Unternehmer **ausführt**.

Fall 56

Die Klein und Fein GbR aus Fall 54 hat im April die Umsatzsteuererklärung beim Finanzamt eingereicht. Dabei wurden die Umsätze als Kleinunternehmer erklärt. Im September ruft Frau Klein beim Finanzamt an und beantragt die Regelbesteuerung. Ist die Option noch zulässig?

Eine Steuerfestsetzung ist u.a. unanfechtbar, wenn die Rechtsbehelfsfrist abgelaufen ist. Dabei ist unter Unanfechtbarkeit die formelle Bestandkraft der erstmaligen Steuerfestsetzung zu verstehen. Die Umsatzsteuerjahreserklärung ist eine sog. Anmeldungssteuer die einer Steuerfestsetzung gleich steht (168 AO). Die Steuerfestsetzung ist nach Ablauf der Einspruchsfrist von einem Monat (§ 355 AO) unanfechtbar.

Unanfechtbarkeit als formelle Bestandskraft bedeutet nicht Unabänderbarkeit. Die Umsatzsteuer als Anmeldungssteuer steht einer Steuerfestsetzung unter dem Vorbehalt der Nachprüfung gleich bzw. wird regelmäßig unter dem sog. Vorbehalt der Nachprüfung festgesetzt. Die Unanfechtbarkeit tritt mit Ablauf der Einspruchsfrist von einem Monat ein. Ohne Bedeutung ist, dass auch nach Ablauf der Einspruchsfrist die Steuerfestsetzung wegen des Vorbehalts geändert werden kann. Eine Option nach Ablauf der Rechtsbehelfsfrist ist nicht mehr möglich.

Im Fall 56 wird der Antrag von Frau Klein im September zur Regelbesteuerung zu optieren wegen der seit Mai bestehenden Unanfechtbarkeit der Umsatzsteuerfestsetzung abgelehnt werden.

Lektion 9: Steuerbefreiungen

Nicht jeder Umsatz, der im Inland ausgeführt wird und damit steuerbar ist, ist auch steuerpflichtig. Bei der Beurteilung umsatzsteuerrechtlicher Sachverhalte in Klausuren und in der Praxis sind daher entsprechend der Übersicht 15 immer die Steuerbefreiungsvorschriften zu prüfen und auch dazu Stellung zu nehmen; selbst wenn keine Steuerbefreiung einschlägig ist.

Übersicht 15: Steuerfreie Umsätze

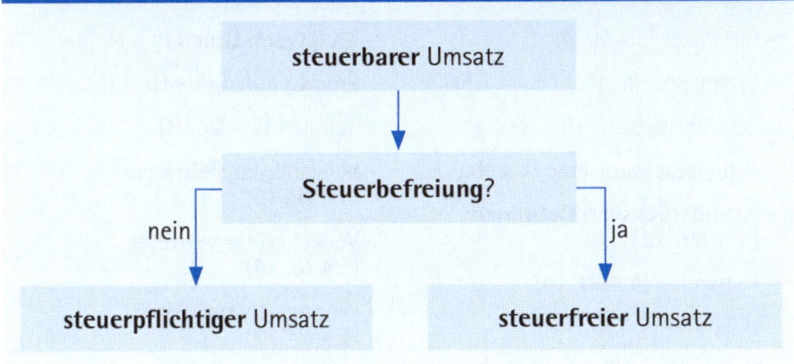

Die Steuerbefreiungen sind überwiegend aus sozial-, kultur- oder wirtschaftspolitischen Gründen eingeführt worden.

Eine Zusammenstellung über die wichtigsten Steuerbefreiungen wie z.B. Bankenumsätze, Grundstücksvermietung oder Kreditvermittlung gibt die Übersicht 16 mit dem ABC der Steuerbefreiungen.

Die Ausfuhrlieferungen und die Innergemeinschaftliche Lieferung werden im Abschnitt V Exportgeschäfte erläutert. Im Folgenden gehen wir beispielhaft auf die Steuerbefreiung für Ärzte und bei Grundstücksvermietungen ein.

Übersicht 16: ABC der Steuerbefreiungen

- **Arzt (§ 4 Nr. 14)**
- **Ausfuhrlieferungen (§ 4 Nr. 1a)**
- Bankenumsätze (§ 4 Nr. 8)
- Blinde Unternehmer (§ 4 Nr. 19a)
- Campingplätze (§ 4 Nr. 12)
- Chemiker (§ 4 Nr. 4)
- Diagnoseklinik (§ 4 Nr. 14 USt)
- Fernlehrinstitute (§ 4 Nr. 21)
- Grundstücksumsätze (§ 4 Nr. 9)
- **Grundstücksvermietungen (§ 4 Nr. 12)**
- Hebamme (§ 4 Nr. 14)
- Heilberuf (§ 4 Nr. 14)
- Heilpraktiker (§ 4 Nr. 14)
- **Hilfsumsätze (§ 4 Nr. 28)**
- **Innergemeinschaftliche Lieferungen (§ 4 Nr. 1b)**
- Krankenhaus (§ 4 Nr. 16)
- Krankenbeförderung (§ 4 Nr. 17b)
- Kreditgewährung (§ 4 Nr. 8a)
- Kreditvermittlung (§ 4 Nr. 8a)
- Privatschulen (§ 4 Nr. 21)
- Schulen (§ 4 Nr. 21)
- Versicherungsleistungen (§ 4 Nr. 10)
- Versicherungsvertreter (§ 4 Nr. 14)
- Wohnungsvermietung (§ 4 Nr. 12)
- Zahnarzt (§ 4 Nr. 14)

Tätigkeit als Arzt

Fall 57

Dr. Marky ist als HNO-Facharzt mit eigener Praxis in Aschaffenburg tätig. Er hat keine Kassenzulassung sondern behandelt nur Privatpatienten. Dr. Marky erhält von der privaten Krankenversicherung des Herrn Klein für die Behandlung und Amputation seiner entzündeten Mandeln 1.290 €. Von Frau Schön, bei der eine plastische Nasenkorrektur durchgeführt wurde erhält er 3.500 €. Sind die Leistungen des Dr. Marky steuerfrei?

Nach § 4 Nr. 14a UStG sind die Umsätze aus der Tätigkeit als Arzt, Zahnarzt, Heilpraktiker, Physiotherapeut (Krankengymnast), Hebamme oder aus einer ähnlichen heilberuflichen Tätigkeit steuerfrei.

Unter die Steuerbefreiung fallen jedoch nicht die Umsätze aus der Tätigkeit als Tierarzt (gem. § 4 Nr. 14a Satz 1 UStG sind nur Heilbehandlungen im Bereich der „Humanmedizin" befreit).

Nicht jeder Umsatz eines Arztes ist steuerfrei. Leistungen sind nur dann steuerfrei, wenn sie der medizinischen Betreuung von Personen durch Diagnostizieren und Behandeln von Krankheiten oder anderen Gesundheitsstörungen dienen. Bei der Tätigkeit muss ein therapeutisches Ziel im Vordergrund stehen.

Folgende Tätigkeiten (sonstige Leistungen) sind daher nicht steuerfrei (Abschnitt 4.14.1 Abs. 5 UStAE):

- Schriftstellerische Tätigkeit, auch wenn es sich um eine ärztliche Fachzeitschrift handelt
- Lehrtätigkeit
- Lieferung von Hilfsmitteln (Kontaktlinsen, Schuheinlagen)
- Ästhetisch-plastische Leistungen, soweit ein therapeutisches Ziel nicht im Vordergrund steht. Indiz kann hierfür sein, dass die Kosten nicht durch Krankenversicherungen übernommen werden.

Die Tätigkeiten (sonstige Leistungen) des Dr. Marky aus Fall 57 können nicht einheitlich beurteilt werden. Bei der Behandlung des Herrn Klein (Amputation seiner Mandeln) steht zweifelsfrei ein therapeutisches Ziel im Vordergrund. Die Leistungen hierfür sind von der Umsatzsteuer befreit. Anders verhält es sich jedoch bei ästhetisch-plastischen Operation von Frau Schön. Ein therapeutisches Ziel ist nicht zu erkennen. Frau Schön wollte nur noch schöner sein. Diese Leistungen des Dr. Marky sind nicht von der Umsatzsteuer befreit.

Hilfsumsätze

Fall 58

Der Arzt für HNO-Heilkunde Marky (aus Fall 57) verkauft das bisher genutzte Röntgengerät an einen Frankfurter Kollegen. Ist der Verkauf des Röntgengerätes steuerpflichtig?

Die Lieferung von Gegenständen ist nach § 4 Nr. 28 UStG als sog. Hilfsumsatz steuerbefreit, wenn der Unternehmer den Gegenstand ausschließlich für Tätigkeiten verwendet hat, die steuerfrei sind. Die Verwendung für ausschließlich steuerfreie Umsätze muss während des gesamten Verwendungszeitraums vorgelegen haben.

Aus Vereinfachungs- und Geringfügigkeitsgründen lässt die Finanzverwaltung die Steuerbefreiung auch dann zu, wenn der Unternehmer den Gegenstand in geringfügigem Umfang (höchstens 5 %) für steuerpflichtige Tätigkeiten verwendet hat. Voraussetzung ist jedoch, dass der Unternehmer für diesen Gegenstand darauf verzichtet, einen Vorsteuerabzug geltend zu machen.

Im Fall 58 hat der Arzt das Röntgengerät verkauft. Der Verkauf eines Gegenstandes ist keine Tätigkeit als Arzt, die nach § 4 Nr. 14 UStG befreit ist. Der Verkauf des Röntgengerätes ist daher nicht nach § 4 Nr. 14 UStG von der Umsatzsteuer befreit. Nachdem Dr. Marky das Röntgengerät aber nur für seine steuerfreie Tätigkeit als Arzt (§ 4 Nr. 14 UStG) verwendet hat, ist der Verkauf des Gerätes an den Frankfurter Kollegen als Hilfsumsatz nach § 4 Nr. 28 UStG von der Umsatzsteuer befreit.

Grundstücksvermietungen

Fall 59

Der Rentner Müde hat neben seinem selbst genutzten Einfamilienhaus ein dreigeschossiges Mehrfamilienhaus. Das Erdgeschoss ist an eine Computerfirma vermietet, die darin ihr Geschäft betreibt, das Ober- und Dachgeschoss ist zu Wohnzwecken an fremde Dritte vermietet. Ist die Vermietung des Mehrfamilienhauses steuerfrei?

Nach § 4 Nr. 12a UStG ist die Vermietung und die Verpachtung von Grundstücken steuerfrei.

Eine Grundstücksvermietung liegt vor, wenn dem Mieter zeitweise der Gebrauch eines Grundstücks gewährt wird (§ 535 BGB). Die Steuerbefreiung gilt nicht nur für die Vermietung von ganzen Grundstücken, sondern auch für die Vermietung von Grundstücksteilen.

Im Fall 59 ist Rentner Müde Unternehmer. Denn er ist als Vermieter selbständig tätig und übt mit der Vermietung eine gewerbliche und berufliche Tätigkeit nachhaltig aus. Herr Müde überlässt den Mietern zeitweise den Gebrauch von Grundstücksflächen. Die Vermietung der Geschäftsräume an die Computerfirma und der beiden Wohnungen ist steuerfrei. Rentner Müde hat keine Umsatzsteuerbelastung aus der Vermietung.

Nicht befreit ist die Vermietung von Wohn- und Schlafräumen, die ein Unternehmer zur kurzfristigen Beherbergung von Fremden bereithält, die Vermietung von Plätzen für das Abstellen von Fahrzeugen, die kurzfristige Vermietung von Campingplätzen und die Vermietung von Maschinen und sonstigen Vorrichtungen aller Art, die zu einer Betriebsanlage gehörten. (§ 4 Nr. 12 Satz 2 UStG).

Die Vermietung von Plätzen für das Abstellen von Fahrzeugen ist danach umsatzsteuerpflichtig. Die Bezeichnung des Platzes und die bauliche oder technische Gestaltungen sind ohne Bedeutung. Auch auf die Dauer der Nutzung als Stellplatz kommt es nicht an. Die Stellplätze können sich im Freien oder in Parkhäusern, Tiefgaragen, Einzelgaragen, Boots- oder Flugzeughallen befinden (Abschnitt 4.12.2 UStAE).

Die Vermietung eines Parkplatzes ist jedoch dann umsatzsteuerfrei, wenn sie eine Nebenleistung zu einer steuerfreien Grundstücksvermietung darstellt. Dies ist dann der Fall, wenn Rentner Müde aus Fall 59 neben den Wohnungen auch entsprechende Stellplätze vermietet.

Die Überlassung einer Campingfläche ist nur dann steuerfrei, wenn sie nicht kurzfristig ist, d.h. wenn die tatsächliche Gebrauchsüberlassung mindestens sechs Monate beträgt (Abschnitt 4.12.3 UStAE).

Option zur Steuerpflicht

Fall 60

Herr Münz ist Eigentümer des dreigeschossigen Gebäudes. Das Erdgeschoss ist an eine Computerfirma vermietet, die darin ihr Geschäft betreibt, das Obergeschoß wird von dem Versicherungsvertreter Mügge als Versicherungsbüro genutzt. Das Dachgeschoss ist zu Wohnzwecken an ein Ehepaar vermietet. Ist die Vermietung des Gebäudes steuerfrei? Kann Herr Münz die Vermietung auch umsatzsteuerpflichtig behandeln?

Nach § 9 UStG kann ein Unternehmer bei folgenden Leistungen auf eine Steuerbefreiung verzichten:

- Bankenumsätze (§ 4 Nr. 8 UStG)
- Grundstücksveräußerungen (§ 4 Nr. 9 UStG)
- Vermietung und Verpachtung von Grundstücken (§ 4 Nr. 12 UStG)
- Leistungen der Wohnungseigentümergemeinschaften (§ 4 Nr. 13 UStG)
- Umsätze der Blinden (§ 4 Nr. 19 UStG)

Die Option zur Steuerpflicht ist nur möglich, wenn der Umsatz

d) an einen anderen Unternehmer

e) für dessen Unternehmen

ausgeführt wird.

Bei der Vermietung und Verpachtung von Grundstücken ist eine Option nur unter der weiteren Voraussetzung möglich, dass der Leistungsempfänger das Grundstück ausschließlich für Umsätze verwendet, die den Vorsteuerabzug nicht ausschließen. Der Leistungsempfänger darf also keine Ausschlussumsätze tätigen.

Die Ausübung des Verzichtes ist an keine Form und Frist gebunden. Die Option zur Steuerpflicht, d.h. auf die Steuerbefreiung zu verzichten, erfolgt, indem der leistende Unternehmer den Umsatz als steuerpflichtig behandelt. Dies ist dann der Fall, wenn er gegenüber dem Leistungsempfänger mit gesondertem Umsatzsteuerausweis abrechnet oder er die Umsätze in der Umsatzsteuervoranmeldung/Umsatzsteuererklärung als steuerpflichtig behandelt.

Der Verzicht ist für jeden einzelnen Umsatz möglich. Auch eine Teiloption ist bei aufteilbaren Leistungen möglich. Der Verzicht bindet den Unternehmer an keine Frist.

Im Fall 60 ist die Vermietung des Gebäudes nach § 4 Nr. 12 UStG grundsätzlich steuerfrei. Ob Herr Münz auf die Steuerbefreiung verzichten kann, ist davon abhängig, ob die Vermietung gegenüber einem Unternehmer für dessen Unternehmen erfolgt. Die Vermietung des Dachgeschosses scheidet demnach für eine Option zur Steuerpflicht aus. Die Vermietung erfolgt an ein nichtunternehmerisches Ehepaar. Das Erdgeschoss und das Obergeschoss werden an eine Computerfirma und an einen Versicherungsvertreter vermietet. Bei diesen Mietern handelt es sich um Unternehmer. Die erste Hürde für eine erfolgreiche Option ist genommen. Bei der Vermietung von Grundstücken ist für eine Option zur Steuerpflicht jedoch weitere Voraussetzung, dass der Leistungsempfänger keine Ausschlussumsätze tätigt. Während die Computerfirma im Erdgeschoß ausschließlich Umsätze ausführt, die den Vorsteuerabzug nicht ausschließen, sind die Leistungen des Versicherungsvertreters nach § 4 Nr. 11 UStG (es handelt sich um Ausschlussumsätze) steuerfrei.

Herr Münz kann also nur hinsichtlich der Vermietung des Erdgeschosses an die Computerfirma zur Umsatzsteuerpflicht optieren und damit auf die Steuerbefreiung verzichten.

Es stellt sich nur die Frage, warum man auf eine Steuerbefreiung überhaupt verzichten sollte. Wann ist eine Option sinnvoll?

Bei steuerfreien Ausschlussumsätzen sind Vorsteuerbeträge, soweit sie diesen Ausschlussumsätzen zuzurechnen sind, nicht abzugsfähig. Verzichtet der Unternehmer auf die Steuerbefreiung, so sind mit dem Verzicht auf die Steuerbefreiung die Vorsteuerbeträge abzugsfähig. Im Fall 60 sind bei Option zur Steuerpflicht die Vorsteuerbeträge aus der

Herstellung, Anschaffung oder Erhaltung des Grundstücks abzugsfähig, soweit diese auf die vermietete Fläche an die Computerfirma entfällt. Herr Münz kann gegenüber der Computerfirma die Umsatzsteuer zusätzlich verrechnen; die Computerfirma erhält einen entsprechenden Vorsteuerabzug. Der Vorteil ist die abzugsfähige Vorsteuer für die anteilige Fläche des Computergeschäftes. Herr Münz sollte daher zur Umsatzsteuerpflicht optieren.

Leitsatz 21

Option zur Steuerpflicht bei der Grundstücksvermietung

Wenn die Voraussetzungen für eine Option erfüllt sind (Vermietung an Unternehmer, der keine Ausschlussumsätze erzielt), dann sollte die Option zur Erlangung der **Vorsteuerabzugsberechtigung** ausgeübt werden.

Zusammenfassend ergibt sich für die Umsätze des Herrn Münz folgendes: Die Vermietung des Dachgeschosses ist steuerfrei; eine Option ist nicht möglich, da die Vermietung an Nichtunternehmer erfolgt. Die Vermietung des Obergeschosses ist ebenfalls steuerfrei. Zwar wird an einen Unternehmer vermietet, dieser Unternehmer tätigt aber steuerfreie Umsätze. Bei der Vermietung des Erdgeschosses kann, da an einen Unternehmer mit steuerpflichtigen Umsätzen vermietet wird, und sollte zur Steuerpflicht optiert werden; dadurch erhält Herr Münz die Berechtigung zum anteiligen Vorsteuerabzug.

III. Bemessungsgrundlage und Steuersatz

Lektion 10: Lieferungen und sonstige Leistungen

Fall 61

Die SHR Maschinenbau GmbH liefert an die Chemia AG eine Fertigungsmaschine für 50.000 € zzgl. Umsatzsteuer. Die Rechnung lautet über 59.500 € brutto. Wie hoch ist die Bemessungsgrundlage für die Umsatzsteuerberechnung?

Bemessungsgrundlage für die Umsatzsteuerberechnung ist das Entgelt. Entgelt ist alles, was der Leistungsempfänger aufwendet, um die Leistung zu erhalten. Entgelt ist damit die Gegenleistung des Leistungsempfängers.

Der Umfang des Entgelts beschränkt sich nicht auf bürgerlich-rechtlich bestimmte oder bestimmbare Gegenleistung für eine Leistung, sondern erstreckt sich auf alles, was der Leistungsempfänger tatsächlich für die an ihn bewirkte Leistung aufwendet. Dazu gehören auch Nebenkosten des Leistenden, die er vom Leistungsempfänger einfordert.

Nicht zum Entgelt gehört der in der Gegenleistung enthaltene Umsatzsteuerbetrag. Das Entgelt ermittelt sich daher ausgehend von der Gegenleistung nach der folgenden Formel (bei einem Steuersatz von 19 %):

$$\frac{\text{Gegenleistung} \times 100}{119} = \text{Entgelt}$$

Leitsatz 22

Bemessungsgrundlage

Bemessungsgrundlage für die Ermittlung der Umsatzsteuer ist bei Lieferungen oder sonstigen Leistungen das **Entgelt**. Entgelt ist alles, was der Leistungsempfänger aufwendet, um die Leistung zu erhalten, jedoch abzüglich der Umsatzsteuer (§ 10 Abs. 1 S. 2 UStG).

Im Fall 61 erhält die SHR Maschinenbau GmbH eine Gegenleistung von 59.500 €. Da die Umsatzsteuer selbst nicht zur Bemessungsgrundlage gehört, ist diese herauszurechnen. Das Entgelt berechnet sich für die SHR Maschinenbau GmbH wie folgt:

$$\frac{59.500 \times 100}{119} = 50.000\ €$$

Danach beträgt das Entgelt für die Lieferung der Maschine 50.000 €.

Fall 62

Durch einen Berechnungsfehler berechnet die SHR Maschinenbau GmbH für die Maschine 50.000 € zzgl. Umsatzsteuer von 9.400 € (statt richtig 9.500 €); der Rechnungsendbetrag der von der Chemia AG gezahlt wird lautet über 59.400 €. Wie hoch ist die Bemessungsgrundlage?

Die Ermittlung des Entgeltes erfolgt auch in diesem Fall ausgehend von der tatsächlichen Gegenleistung. Die SHR Maschinenbau GmbH erhält von ihrem Kunden 59.400 € (= Gegenleistung). Aus der Gegenleistung ist die Umsatzsteuer herauszurechnen, da diese nicht zum Entgelt gehört.

Das Entgelt für die Lieferung der Maschine im Fall 62 ist, ausgehend von der Gegenleistung in Höhe von 59.400 € und dem darin enthaltenen Umsatzsteuerbetrag in Höhe von 9.484,03 (= 19/119 von 59.400), mit 49.915,97 € zu bestimmen.

Hiervon unabhängig ist, dass in der Rechnung ein höherer Nettobetrag ausgewiesen ist.

Das Entgelt hängt also von der tatsächlichen Gegenleistung ab und ist, wie Fall 62 zeigt, ggf. abweichend von der Rechnung zu bestimmen. Genauso verhält es sich im nächsten Fall.

Fall 63

Die SHR Maschinenbau GmbH verkauft eine weitere Anlage an die Chemia AG. Obwohl die Lieferung der weiteren Anlage steuerbar und steuerpflichtig ist, hat die SHR Maschinenbau GmbH irrtümlich mit der Chemia AG einen Rechnungsbetrag ohne Umsatzsteuer vereinbart. Die SHR Maschinenbau GmbH berechnet für die Lieferung der Maschine 60.000 €.

In diesem Fall ist das Entgelt ebenso ausgehend von dem Rechnungsbetrag, der Gegenleistung von 60.000 €, zu ermitteln und beträgt nach Herausrechnung der Umsatzsteuer 50.420,17 €.

Bereits bei der vertraglichen Vereinbarung müssen daher die umsatzsteuerrechtlichen Folgen geprüft werden und in dem Vertrag Einfluss finden, sonst kann die Umsatzsteuer für den Unternehmer zu einem unkalkulierten Kostenfaktor werden. In der Praxis ist häufig eine vertragliche Regelung anzutreffen, nach der zusätzlich zum Kaufpreis Umsatzsteuer geschuldet wird, wenn diese nach dem Umsatzsteuergesetz entsteht.

Auch freiwillig an den Unternehmer gezahlte Beträge gehören zum Entgelt, wenn zwischen Zahlung und der Leistung eine innere Verknüpfung besteht, z.B. bei Trinkgeldern (BFH-Urteil vom 17.02.1972, BStBl. II. S. 405). Erhält ein Gastwirt von seinem Kunden ein Trinkgeld, dann hat der Gastwirt das Trinkgeld bei der Ermittlung des Entgelts zu berücksichtigen. *So zumindest die Theorie* ☺.

Entgelt von dritter Seite/Zuschüsse

Fall 64

Die Exxtival Catering GmbH betreibt die Kantine bei der Chemia AG. Exxtival berechnet den Arbeitnehmern der Chemia AG 4 € für ein Mittagessen. Im Juni wurden 5.000 Mittagessen verkauft. Aufgrund des Cateringvertrages erhält die Exxtival von der Chemia AG einen Zuschuss von 2 € pro Mittagessen (sog. Arbeitgeberzuschuss). Gehört der Arbeitgeberzuschuss mit zum Entgelt für die Lieferung der Speisen an die Arbeitnehmer?

Hierzu eine Grafik:

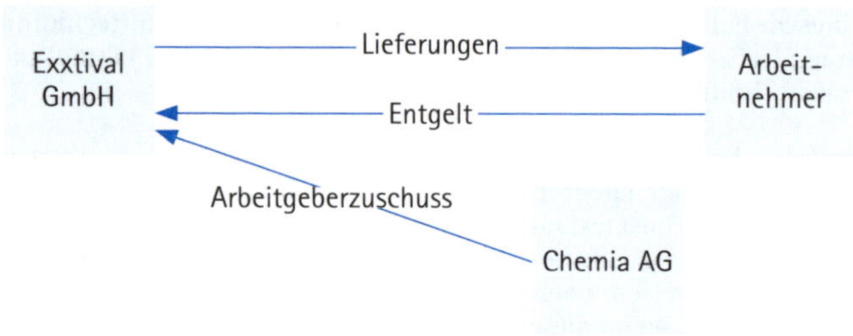

Zum Entgelt gehört auch, was ein anderer als der Leistungsempfänger dem Unternehmer für dessen Leistung gewährt (§ 10 Abs. 1 Satz 3 UStG). Maßgebend ist, dass die Zahlung des Dritten für die Leistung des Unternehmers an den Leistungsempfänger gewährt wird.

Die Exxtival Catering GmbH erbringt im Fall 64 Leistungen gegenüber den Arbeitnehmern der Chemia AG. Leistungsempfänger sind die Arbeitnehmer; der Leistungsaustausch findet ausschließlich zwischen der Exxtival Catering GmbH und den Arbeitnehmern statt. Ein Leistungsaustausch zwischen der Exxtival Catering GmbH und der Chemia AG findet nicht statt. Obwohl die Chemia AG nicht am Leistungsaustausch beteiligt ist, handelt es sich bei dem Arbeitgeberzuschuss um ein zusätzliches Entgelt für die Exxtival Catering GmbH, da der Zuschuss für die Leistung der Exxtival GmbH an die Mitarbeiter gewährt wird.

Die Exxtival Catering GmbH hat neben den Zahlungen der Arbeitnehmer in Höhe von insgesamt 20.000 € (5.000 × 4 €) den Arbeitgeberzuschuss in Höhe von 10.000 € (5.000 × 2 €) bei der Ermittlung des Entgelts zu berücksichtigen. Nachdem der enthaltene Umsatzsteuerbetrag herauszurechnen ist, beträgt das Entgelt 25.210 € (30.000 abzgl. Umsatzsteuer von 4.790 €).

Hinweis: *Die Exxtival Catering GmbH darf der Chemia AG keine Rechnung mit Umsatzsteuerausweis erteilen. Es ist nicht zulässig, einem anderen als dem Leistungsempfänger eine Rechnung mit Umsatzsteuerausweis zu erteilen (§ 14c Abs. 2 Satz 2 UStG). Leistungsempfänger sind im* Fall 64 *ausschließlich die Arbeitnehmer.*

Ein Entgelt von dritter Seite liegt auch vor, wenn ein Bürge statt der Leistungsempfänger die Gegenleistung erbringt. Ohne Bedeutung für die Umsatzsteuer ist, ob der Leistungsempfänger selbst einen Dritten wie z.B. eine Bank oder ein Kreditkartenunternehmen zur Erfüllung seiner Entgeltsverpflichtung einschaltet oder ob ein Dritter - z.B. ein Bürge - dem Leistenden für die Erfüllung der Entgeltsverpflichtung des Leistungsempfängers einsteht. Dass der Zahlende zugleich eine eigene Verpflichtung gegenüber dem Leistungsempfänger und/ oder gegenüber dem leistenden Unternehmer erfüllt, steht der Beurteilung der Zahlung als Entgelt nicht entgegen (BFH Urteil vom 19.10.2001 - V R 75/98 nv).

Entgeltsminderungen

Fall 65

Die Chemia AG hat die Maschine und auch die Rechnung über 59.500 € aus Fall 61 von der SHR Maschinenbau GmbH erhalten. Im Rahmen der Abnahme vereinbaren die Parteien, dass die Chemia AG die Rechnung um 2.000 € kürzt, da die Maschine kleinere Mängel aufweist. Der Rechnungsbetrag wird unter Berücksichtigung der Mängelkürzung und eines 3 %igen Skontoabzugs (1.725,00 €) überwiesen. Die Überweisung lautet über 55.775,00 €. Führen die Mängelkürzung und der Skontoabzug zu einer Entgeltsminderung? Wie hoch ist das Entgelt?

Das Entgelt bestimmt sich nach der tatsächlichen Gegenleistung. Wird der vertraglich vereinbarte Preis gemindert, so mindert sich auch das umsatzsteuerrechtliche Entgelt.

Entgeltsminderungen liegen vor, wenn der Leistungsempfänger bei der Zahlung Beträge abzieht, z.B. Skonto, Rabatte, Preisnachlässe usw. oder wenn dem Leistungsempfänger bereits gezahlte Beträge zurückgewährt werden, ohne dass er dafür eine Leistung zu erbringen hat (Abschnitt 10.3. Abs. 1 UStAE).

Leitsatz 23

!

Besteuerung des tatsächliches Entgelts

Der Umsatzsteuer unterliegt nur das tatsächliche **erzielte Entgelt.** **Entgeltminderungen** führen zur **Verminderung** der Umsatzsteuer.

Bei der Chemia AG führen im Fall 65 der Mängelabzug und der Skontoabzug zu einer Minderung des Entgeltes für die Maschinenlieferung. Ausgehend von der Rechnung über 59.500 € hätte das Entgelt nach Herausrechnung der enthaltenen Umsatzsteuer von 9.500 € 50.000 € betragen. Unter Berücksichtigung der Mängelkürzung und dem Skontoabzug bemisst sich das Entgelt nach der tatsächlichen Gegenleistung in Höhe von 55.775 € abzüglich der darin enthaltenen Umsatzsteuer. Danach beträgt das Entgelt 46.869,75 €.

Vertragsstrafen, die wegen Nichterfüllung oder wegen nicht gehöriger Erfüllung (§§ 340, 341 BGB) geleistet werden, haben Schadenersatzcharakter und haben damit keine Auswirkung für das umsatzsteuerrechtliche Entgelt. Zahlt der leistende Unternehmer eine Vertragsstrafe an den Leistungsempfänger, liegt darin keine Entgeltminderung (BFH-Urteil vom 04.05.1994, BStBl. 1994 II S. 589).

Falls die SHR Maschinenbau GmbH nach dem Vertrag für eine verspätete Lieferung der Maschine 5.000 € an die Chemia AG leisten muss (oder die Chemia AG den Betrag bei der Überweisung kürzt), wird dadurch das Entgelt nicht gemindert.

Fall 66

Die Autowerke AG verkauft ihre Autos über Vertragshändler. Nachdem die Autowerke AG ihren Marktanteil erhöhen möchte, gibt sie Gutscheine im Wert von 1.000 € aus. Der Käufer eines Neufahrzeuges (Endkunde) erhält von der Autowerke AG bei Einsendung des Gutscheines einen Scheck über 1.000 €. Ändert sich durch die Auszahlung des Gutscheinbetrages die Bemessungsgrundlage für die Umsätze der Autowerke AG?

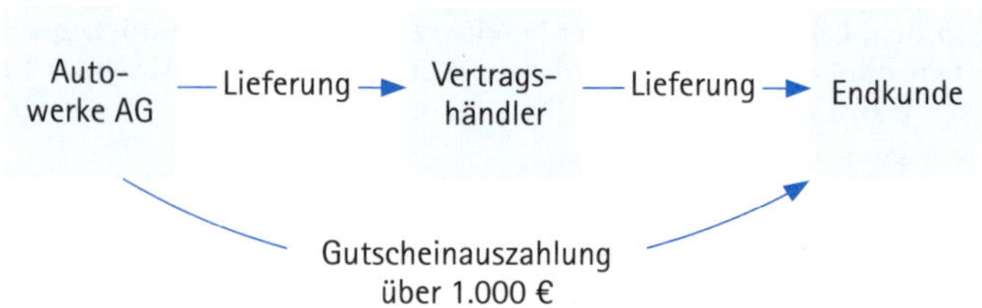

Das Fahrzeug wird zweimal geliefert. Die erste Lieferung findet zwischen der Autowerke AG und dem Vertragshändler statt. Die zweite Lieferung zwischen dem Vertragshändler und dem Endkunden.

Auch wenn zwischen dem Hersteller und dem Endkunden kein direkter Leistungsaustausch stattgefunden hat, bewirkt die Auszahlung des Gutscheines an den Endkunden eine Entgeltminderung für die erste Lieferung vom Hersteller an den Händler (Abschnitt 17.2. UStAE). Durch das Umsatzsteuerrecht soll nur der **tatsächlich realisierte und verbleibende Umsatz** besteuert werden.

Die Autowerke AG kann daher im **Fall 66** durch die Auszahlung des Betrages von 1.000 € an den Endkunden das Entgelt aus der Lieferung des Fahrzeuges an den Händler (erste Lieferung) mindern. Das Entgelt mindert sich aber nicht in Höhe von 1.000 €. Auch im Fall der Entgeltminderung ist der Umsatzsteuerbetrag zur Ermittlung des Entgelts herauszurechnen. Die Entgeltminderung für die Autowerke AG beträgt daher 840,34 € (1.000 € abzgl. Umsatzsteuer von 159,66 €).

Eine Entgeltminderung liegt auch vor, wenn eine Forderung wegen **Insolvenz** gegenüber einem Kunden ausfällt oder wenn einem Kunden nachträglich ein **Nachlass** gewährt wird, z.B. bei Gewährung eines Jahresbonus.

Übersicht 17: Entgeltsminderungen

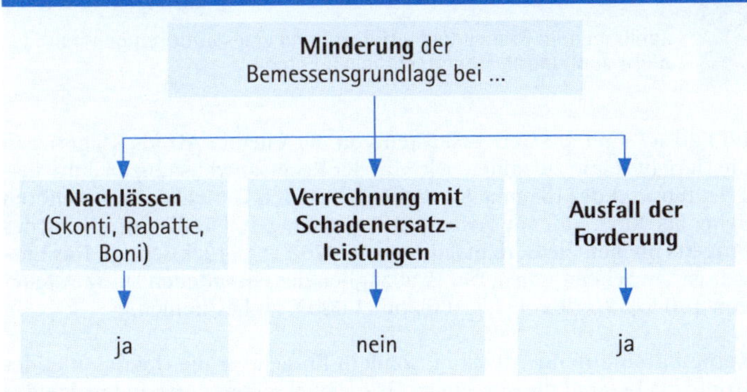

Durchlaufende Posten

Fall 67

Die Rechtsanwaltskanzlei Jura berechnet der Chemia AG für ein eingeleitetes gerichtliches Mahnverfahren ein Honorar in Höhe von 1.190 € sowie verauslagte Gerichtskosten von 420 €. Wie hoch ist das Entgelt?

Nicht jede Zahlung an den leistenden Unternehmer gehört zum Entgelt.

Beträge, die ein Unternehmer im Namen und für Rechnung eines anderen vereinnahmt und verausgabt, gehören als durchlaufende Posten nicht zum Entgelt (§ 10 Abs. 1 Satz 6 UStG).

Durchlaufende Posten liegen vor, wenn der Unternehmer, der die Beträge vereinnahmt und verauslagt, im Zahlungsverkehr lediglich die Funktion einer Mittelperson ausübt, ohne selbst einen Anspruch auf den Betrag gegen den Leistenden zu haben und auch nicht zur Zahlung an den Zahlungsempfänger verpflichtet ist (Abschnitt 10.4. UStAE). Es ist entscheidend, dass zwischen dem Zahlungsverpflichtenden und dem, der Anspruch auf die Zahlung hat (Zahlungsempfänger), unmittelbare Rechtsbeziehungen bestehen (BFH-Urteil vom 24.02.1966, BStBl. III S. 263).

Leitsatz 24

Durchlaufende Posten

Zahlungen im Namen und auf Rechnung eines **anderen** gehören **nicht** zum umsatzsteuerrechtlichen Entgelt.

Im Fall 67 sind die Gerichtskosten von der Chemia AG als Klägerin an die Gerichtskasse zu zahlen. Die von der Rechtsanwaltskanzlei Jura ausgelegten und der Chemia AG weiter belasteten Gerichtskosten gehören daher als durchlaufende Posten nicht zum Entgelt. Für die Ermittlung des Entgelts bleiben die Gerichtskosten von 420 € unberücksichtigt. Das Entgelt ist ausgehend von 1.190 €, abzüglich der enthaltenen Umsatzsteuer von 190 € (19/119 von 1.190 €), mit 1.000 € zu bestimmen.

Keine durchlaufenden Posten, sondern Entgelt für die Überlassung des Grundstücks, sind die von einem Grundstückseigentümer zu entrichtenden öffentlichen Gebühren, Abgaben oder Steuern, z.B. Grundsteuern, die nach dem Mietvertrag von dem Mieter zu tragen sind. Dies gilt unabhängig davon, ob der Grundstückseigentümer die Grundsteuer in den Mietzins einkalkuliert oder gegenüber dem Mieter gesondert und offen abrechnet (Abschnitt 10.4. Abs. 3 UStAE).

Die von einem Anlieferer von Abfall an den Betreiber einer Deponie entrichtete Deponiegebühr kann beim Anlieferer durchlaufender Posten sein, wenn nicht er, sondern der Müllerzeuger die Gebühr nach der Satzung schuldet. Mülldeponiegebühren sind im Allgemeinen nach verbindlichen Gebührenordnungen berechnete Kosten. Aus der für die jeweilige Deponie ergangenen Satzung ergibt sich, wer die Gebühr schuldet. Ist dagegen der Anlieferer selbst Schuldner oder zusammen mit dem Müllerzeuger Gesamtschuldner der Deponiegebühr, hängt die umsatzsteuerrechtliche Beurteilung von der vertraglichen Vereinbarung und der tatsächlichen Durchführung in jedem Einzelfall ab. Kein durchlaufender Posten ist anzunehmen, wenn der Müllerzeuger zwar Gebührenschuldner ist, wegen Vermengung oder Verdichtung des Mülls mehrerer Müllerzeuger aber der einzelne Erzeuger nicht mehr feststellbar ist (OFD Hannover, 12.04.2000, S 7200 - 257 - StO 355/S 7200 - 368 - StH 531).

Lektion 11: Unentgeltliche Leistungen

Die Bemessungsgrundlage für unentgeltliche Leistungen bestimmt sich nach der Art der Leistung (unentgeltliche Lieferung, unentgeltliche Nutzungsentnahme, unentgeltliche andere Leistungen).

Unentgeltliche Lieferung von Gegenständen

Fall 68

Der Handelsvertreter Schott hat seinen bisher unternehmerisch genutzten Laptop seinem Sohn geschenkt. Der Laptop wurde vor zwei Jahren für 1.500 € (netto) gekauft. Der Laptop hat einen Buchwert von 500 €. In Internetauktionen wird der Laptop für 600 € (brutto) verkauft. Wie hoch ist die Bemessungsgrundlage für die Entnahme?

Einer Lieferung wird die Entnahme eines Gegenstandes durch einen Unternehmer aus seinem Unternehmen für Zwecke, die außerhalb des Unternehmens liegen gleichgestellt (§ 3 Abs. 1b Nr. 1 UStG).

Durch die Schenkung an den Sohn bewirkt der Handelsvertreter Schott eine einer Lieferung gleichgestellte Gegenstandsentnahme. Der Umsatz hierfür ist nach dem Einkaufspreis zzgl. der Nebenkosten für den Gegenstand oder für einen gleichartigen Gegenstand oder mangels eines Einkaufspreises nach den Selbstkosten, jeweils im Zeitpunkt des Umsatzes zu bemessen (§ 10 Abs. 4 Nr. 1 UStG).

Der Einkaufspreis entspricht in der Regel dem Wiederbeschaffungspreis.

Der Handelsvertreter Schott hat den Umsatz für die unentgeltliche Wertabgabe des Laptops mit dem Wiederbeschaffungspreis in Höhe von 504,20 € (600 € abzgl. Umsatzsteuer 95,80 €) zu bemessen. Der ertragsteuerrechtliche Buchwert in Höhe von 500 € ist ohne Bedeutung.

Kann ein Einkaufspreis nicht ermittelt werden, weil der Gegenstand z.B. selbst hergestellt wird, so sind als Bemessungsgrundlagen die Selbstkosten anzusetzen. Diese umfassen alle durch den betrieblichen Leistungsprozess bis zum Zeitpunkt der Entnahme entstandenen Kosten.

Unentgeltliche Nutzungsentnahme

Fall 69

Der Handelsvertreter Schott verwendet für seine Außendiensttätigkeiten einen BMW 530d. Das Fahrzeug hat Schott vor drei Jahren für 54.000 € netto gekauft. Die jährlichen Kosten betragen für Kfz-Steuer und Versicherung 1.250 €, für Benzin und Reparaturen 8.530 € und die Absetzung für Abnutzung bei einer Nutzungsdauer von sechs Jahren 9.000 €. Handelsvertreter Schott verwendet das Fahrzeug auch für private Zwecke. Der Umfang der privaten Nutzung beträgt nach seinen Aufzeichnungen 23 v.H. der Gesamtleistung. Wie hoch ist die Bemessungsgrundlage für die private Nutzung des Fahrzeugs?

Der Umsatz bei der Verwendung eines dem Unternehmen zugeordneten Gegenstands für private Zwecke (unentgeltliche Nutzungsentnahmen) ist nach den bei der Ausführung der Umsätze entstandenen Ausgaben zu bemessen. Dabei sind nur Ausgaben zu berücksichtigen, soweit sie zum vollen oder teilweisen Vorsteuerabzug berechtigt haben (§ 10 Abs. 4 Nr. 2 UStG).

Zu den Ausgaben gehören auch die Anschaffungs- oder Herstellungskosten eines Wirtschaftsgutes, soweit es für die Erbringung der sonstigen Leistung verwendet wird. Betragen die Anschaffungs- oder Herstellungskosten mind. 500 €, sind sie gleichmäßig auf einen Zeitraum zu verteilen, der dem für das Wirtschaftsgut maßgeblichen Berichtigungszeitraum nach § 15a UStG entspricht. Danach beträgt der Berichtigungszeitraum grundsätzlich fünf Jahre, bei Grundstücken zehn Jahre.

Handelsvertreter Schott bewirkt mit der privaten Fahrzeugnutzung eine Nutzungsentnahme, die einer sonstigen Leistung gleichgestellt wird (§ 3 Abs. 9a Nr. 1 UStG). Die Bemessungsgrundlage für die private Nutzung des Fahrzeugs ist nach den entstandenen Ausgaben wie folgt zu ermitteln:

Kfz-Steuer/Versicherung	1.250,00
Benzin/Reparaturen	8.530,00
Anteilige Anschaffungskosten (1/5 von 54.000 €)	10.800,00
Zwischensumme	20.580,00
./. ohne Vorsteuerabzug (Steuer/Versicherung)	–1.250,00

Summe	19.330,00
Anteil der Privatnutzung	23 %
Bemessungsgrundlage	**4.445,90**

Hinweis: *Die ertragsteuerrechtliche Absetzung für Abnutzung mit einer Nutzungsdauer von sechs Jahren ist ohne Bedeutung. Als Ausgaben sind die Anschaffungskosten des Fahrzeuges auf den entsprechenden Berichtigungszeitraum nach § 15a UStG auf fünf Jahre zu verteilen.*

Die Ermittlung der anteiligen Kosten setzt ein ordnungsgemäßes Fahrtenbuch voraus. Ein Fahrtenbuch muss mindestens folgende Angaben enthalten: Datum und Kilometerstand zu Beginn und Ende jeder einzelnen betrieblich/beruflich veranlassten Fahrt, Reiseziel, Reisezweck und aufgesuchte Geschäftspartner. Wird ein Umweg gefahren, ist dieser aufzuzeichnen.

Ermittelt der Unternehmer für Ertragsteuerzwecke den Wert der Nutzungsentnahme nach der sog. 1 %-Regelung (pro Monat 1 % des Bruttolistenneupreises im Zeitpunkt der Erstzulassung; § 6 Abs. 1 Nr. 4 Satz 2 EStG), kann er aus Vereinfachungsgründen von diesem Wert auch bei der Bemessungsgrundlage für die Besteuerung der nichtunternehmerischen Nutzung ausgehen. Der Bruttolistenpreis ist auf volle Hundert Euro abzurunden und der Prozentwert kann aus Vereinfachung für die nicht mit Vorsteuer belasteten Kosten um einen pauschalen Abschlag von 20 % gekürzt werden. Der so ermittelte Betrag ist ein sog. Nettowert, auf den die Umsatzsteuer mit dem allgemeinen Steuersatz aufzuschlagen ist (Abschnitt 15.23 Abs. 5 Nr. 1a UStAE).

Bei einem Bruttolistenneupreis von 64.260 € (netto 54.000 €) würde sich die Bemessungsgrundlage nach der 1 %-Regelung wie folgt ermitteln:

1 % von 64.200 € (gerundet) – für 12 Monate	7.704
./. pauschale Kürzung für nicht mit Vorsteuer belastete Kosten (20 %)	1.541
Bemessungsgrundlage	**6.163**

Die Bemessungsgrundlage nach der 1 %-Regelung ist auf den Fall 69 bezogen um 1.717 € höher. Das Fahrtenbuch wäre für den Unternehmer daher steuerlich vorteilhaft. *Wenn nur die Schreibarbeit nicht wäre* ☹.

Macht der Unternehmer von der 1 %-Regelung oder der Fahrtenbuchregelung keinen Gebrauch (z.B. weil kein ordnungsgemäßes Fahrtenbuch geführt wird), ist der private Nutzungsanteil für Umsatzsteuerzwecke anhand geeigneter Unterlagen im Wege einer sachgerechten Schätzung zu ermitteln. Liegen geeignete Unterlagen für eine Schätzung nicht vor, ist der private Nutzungsanteil grundsätzlich mit mindestens 50 % zu schätzen. Aus den Gesamtaufwendungen sind die nicht mit Vorsteuern belasteten Kosten in der belegmäßig nachgewiesenen Höhe auszuscheiden (Abschnitt 15.23 Abs. 5 Nr. 3 UStAE).

Leitsatz 25

Nutzungsentnahme von Fahrzeugen

Die Bemessungsgrundlage bei der Nutzungsentnahme von Fahrzeugen kann ermittelt werden nach

- dem Anteil der privaten Nutzung, festgestellt und ermittelt durch ein **Fahrtenbuch**
- der sog. **1 %-Regelung**
- **Schätzung**, mind. 50 %iger privater Nutzungsanteil

Unentgeltliche andere Leistungen

Fall 70

Der Handelsvertreter Schott lässt von seiner angestellten Reinigungskraft während der betrieblichen Arbeitszeit auch die Privaträume reinigen. Der Zeitaufwand beträgt monatlich zwölf Stunden. Die Lohnkosten betragen pro Stunde 12 € incl. der Lohnnebenkosten. Wie hoch ist die Bemessungsgrundlage?

Der Umsatz für andere unentgeltliche Leistungen (als die private Nutzung von dem Unternehmen zugeordnete Gegenstände) wird nach den bei der Ausführung der Umsätze entstandenen Ausgaben bemessen (§ 10 Abs. 4 Nr. 3 UStG).

Hierbei ist ohne Bedeutung, ob die Kosten zum vollen oder teilweisen Vorsteuerabzug berechtigt haben. Daher sind z.B. auch Personalkosten in die Bemessungsgrundlage einzubeziehen.

Handelsvertreter Schott hat im Fall 70 mit der Reinigung seiner Privaträume eine unentgeltliche andere Leistung ausgeführt, die einer sonstigen Leistung gegen Entgelt gleichgestellt wird. Der Umsatz bemisst sich nach den bei der Ausführung entstandenen Kosten in Höhe von 144 €. Hätte Handelsvertreter Schott außerhalb seines Unternehmens (als Privatperson) eine Reinigungskraft beschäftigt, hätte er sich die Umsatzsteuerbelastung sparen können.

Lektion 12: Mindestbemessung/ Differenzbesteuerung

Mindestbemessungsgrundlage

Fall 71

Handelsvertreter Schott hat für sein Unternehmen ein neues Fahrzeug bestellt. Das bisherige Fahrzeug BMW 530d hat einen Wiederbeschaffungspreis von 26.000 € (netto). Nachdem sein Vater das bisherige Fahrzeug übernehmen möchte, berechnet er ihm nur 20.000 € (netto). Wie hoch ist die Bemessungsgrundlage?

Damit es nicht zu einem unversteuerten oder zu niedrig besteuerten Endverbrauch von Lieferungen oder Leistungen kommt, enthält das Umsatzsteuergesetz Regelungen über Mindestbemessungsgrundlagen.

Leitsatz 26

Mindestbemessungsgrundlage

Die Vorschriften über Mindestbemessungsgrundlage dienen dazu – wie die Vorschriften über die unentgeltlichen Leistungen in der vorherigen Lektion – eine **Umsatzbesteuerung** des Endverbrauches **sicherzustellen.**

Bei Lieferungen und sonstigen Leistungen, die Körperschaften und Gemeinschaften gegenüber ihren Anteilseignern, Gesellschaftern, Teilhabern oder nahestehenden Personen sowie Einzelunternehmer an ihnen nahestehenden Personen ausführen, ist die Mindestbemessungsgrundlage nach § 10 Abs. 5 i.V.m. Abs. 4 UStG zu beachten.

Die Mindestbemessungsgrundlage bemisst sich bei Lieferungen mindestens nach dem Einkaufspreis/den Wiederbeschaffungskosten bzw. den Selbstkosten, wenn die tatsächliche Gegenleistung (Entgelt) niedriger ist.

Bei sonstigen Leistungen bemisst sich die Bemessungsgrundlage mindestens nach den entstandenen Ausgaben.

Als nahestehende Personen sind Angehörige im Sinne des § 15 AO sowie andere Personen und Gesellschaften anzusehen, zu denen ein Anteilseigner, Gesellschafter usw. eine enge rechtliche, wirtschaftliche oder persönliche Beziehung hat (Abschnitt 10.7. Abs. 1 Satz 2 UStAE).

Zu den Angehörigen nach § 15 AO gehören Verlobte, Ehegatten, Verwandte und Verschwägerte gerader Linie, Geschwister, Kinder der Geschwister, Ehegatten der Geschwister und Geschwister der Ehegatten, Geschwister der Eltern und Pflegeeltern sowie Pflegekinder.

Handelsvertreter Schott hat im Fall 71 eine Lieferung gegen Entgelt ausgeführt. Das Entgelt beträgt 20.000 €. Nachdem die Lieferung des Fahrzeuges an seinen Vater als nahen Angehörigen nach § 15 AO erfolgte, muss geprüft werden, ob die Mindestbemessungsgrundlage zur Anwendung kommt. Diese ist mit den Wiederbeschaffungskosten in Höhe von 26.000 € zu bestimmen. Handelsvertreter Schott hat daher die Bemessungsgrundlage von 26.000 € zu berücksichtigen.

Die Mindestbemessungsgrundlage ist auch bei Lieferungen und sonstigen Leistungen, die ein Unternehmer an sein Personal oder dessen Angehörige auf Grund des Dienstverhältnisses ausführt, zu berücksichtigen (§ 10 Abs. 5 Nr. 2 UStG).

Die Berücksichtigung der Mindestbemessungsgrundlage ist dann nicht mehr mit dem Zweck der Vorschrift gedeckt, wenn die Umsatzsteuer höher wäre als für vergleichbare Umsätze mit sonstigen Endverbrauchern. Übersteigt die Mindestbemessungsgrundlage den Marktpreis, so ist der Umsatz höchstens mit dem marktüblichen Entgelt zu bemessen (BFH-Urteil vom 19.6.2011 zur verbilligten Lieferung von Zeitungen an Arbeitnehmer; § 10 Abs. 5, Satz 1, 2. HS UStG).).

Differenzbesteuerung

Das Umsatzsteuergesetz enthält Sonderregelungen für die Bemessung von Umsätzen bei Reiseleistungen (siehe hierzu § 25 UStG) und beim Handel von Gebrauchtwaren.

Fall 72

Die Autohaus GmbH verkauft einen gebrauchten Audi A6 zum Preis von 35.950 €. Die Autohaus GmbH hatte das Fahrzeug im Rahmen des Verkaufs eines Neufahrzeugs von einem Privatkunden für 30.000 € in Zahlung genommen. Wie hoch ist die Bemessungsgrundlage?

Die Bemessungsgrundlage ermittelt sich grundsätzlich nach dem Entgelt, der Gegenleistung des Leistungsempfängers. § 25a UStG enthält jedoch eine Ausnahme zur sog. Differenzbesteuerung. Der Umsatz wird nach dem Betrag bemessen, um den der Verkaufspreis den Einkaufspreis für den Gegenstand übersteigt; die Umsatzsteuer selbst gehört nicht zur Bemessungsgrundlage (§ 25a Abs. 3 UStG, siehe Leitsatz 27).

Voraussetzung für die Differenzbesteuerung ist, dass

- der Unternehmer ein Wiederverkäufer ist,
- für die Lieferung an den Wiederverkäufer keine Umsatzsteuer geschuldet wurde,
- die Gegenstände keine Edelsteine oder Edelmetalle sind.

Leitsatz 27

Bemessungsgrundlage bei der Differenzbesteuerung

Verkaufspreis
./. Einkaufspreis
Bruttodifferenz
./. Umsatzsteuer
= Bemessungsgrundlage

Wiederverkäufer ist, wer gewerbsmäßig mit beweglichen körperlichen Gegenständen handelt (oder solche Gegenstände im eigenen Namen öffentlich versteigert).

Die Autohaus GmbH handelt im Fall 72 gewerbsmäßig mit beweglichen körperlichen Gegenständen (Autos) und ist damit ein Wiederverkäufer. Nachdem auch für die Inzahlungnahme des Fahrzeugs von der Privatperson keine Umsatzsteuer geschuldet wird, sind die Voraussetzungen der Differenzbesteuerung erfüllt. Die Bemessungsgrundlage ermittelt sich daher nach dem Betrag, um den der Verkaufspreis in Höhe von 35.950 € den Einkaufpreis in Höhe von 30.000 € übersteigt. Von der Differenz in Höhe von 5.950 € ist die Umsatzsteuer herauszurechnen. Die Bemessungsgrundlage beträgt danach 5.000 € (100/119 von 5.950 €), die Umsatzsteuer 950 €.

Hinweis: *Ohne Anwendung der Regelungen zur Differenzbesteuerung hätte die Bemessungsgrundlage 30.210,08 € und die Umsatzsteuer 5.739,92 € betragen. Die Autohaus GmbH muss bei Anwendung der Regelungen zur Differenzbesteuerung damit 4.789,93 € weniger Umsatzsteuer an das Finanzamt abführen.*

Bei der Differenzbesteuerung ist die Steuer immer mit dem allgemeinen Steuersatz von 19 v.H. zu berechnen; der ermäßigte Steuersatz von 7 v. H. ist bei der Differenzbesteuerung ausgeschlossen. Die Vorschrift über den gesonderten Steuerausweis in einer Rechnung findet keine Anwendung, so dass der Wiederverkäufer in der Rechnung keine Umsatzsteuer gesondert ausweisen darf.

Lektion 13: Steuersatz

Neben dem Regelsteuersatz kennt das Umsatzsteuergesetz einen ermäßigten Steuersatz. Doch wann kann der ermäßigte Steuersatz angewandt werden?

Fall 73

Max Jost kauft sich in der nahe gelegenen Universitätsbuchhandlung einen zweibändigen Kommentar zum Umsatzsteuerrecht für 128,40 €. Wie hoch ist die enthaltene Umsatzsteuer?

Der Regelsteuersatz für jeden steuerpflichtigen Umsatz beträgt seit dem 01.01.2007 19 v.H. der Bemessungsgrundlage (§ 12 Abs. 1 UStG).

Doch nicht jeder steuerpflichtige Umsatz unterliegt diesem Regelsteuersatz. Bestimmte Leistungen unterliegen dem ermäßigten Steuersatz von 7 v.H.

Leitsatz 28

Steuersatz

Der Regelsteuersatz und der ermäßigte Steuersatz stehen in einem **Regel-Ausnahmeverhältnis**. Der Regelsteuersatz kommt dann zur Anwendung, wenn die Ausnahmeregelung des ermäßigten Steuersatzes nicht zur Anwendung kommt.

Die Lieferungen und sonstige Leistungen, die dem ermäßigten Steuersatz unterliegen, sind abschließend in § 12 Abs. 2 UStG geregelt. Es handelt sich u.a. um folgende Umsätze:

Lieferungen der in der Anlage 2 des Umsatzsteuergesetzes bezeichneten Gegenstände. Die Gegenstände lassen sich in sechs Gruppen aufteilen:

- Land- und forstwirtschaftliche Erzeugnisse (z.B. Fleisch, Milch, Eier, Gemüse, Brennholz)
- Futtermittel (auch Abfall der Lebensmittelindustrie)

- Lebensmittel und Getränke (außer Luxuslebensmittel z.B. Kaviar, Milch und Milchmischgetränke mit einem Milchanteil von 75 %, Wasser, jedoch kein stilles oder Mineralwasser, Kaffeepulver und Teeblätter – nicht aber zubereitete Getränke wie Kaffee, Tee, Obst und Gemüsesäfte)

- Verlagserzeugnisse und Erzeugnisse graphischen Gewerbes (Bücher, Zeitschriften, nicht jedoch Kalender, Vordrucke, Prospekte, Baupläne, Glückwunschkarten oder CD-ROMs, DVDs)

- Körperersatzstücke und ähnliche Gegenstände (Prothesen für Hände, Arme, Beine, Augen, Hörgeräte, auch Rollstühle, nicht jedoch Brillen)

- Kunstgegenstände und Sammlungen (Gemälde, nicht jedoch Kunstdrucke).

Für eine genaue Definition werden die Waren auf Kapitel und Nummern des Zolltarifs verwiesen:

- Vermietung der in der Anlage 2 bezeichneten Gegenstände (§ 12 Abs. 2 Nr. 2 UStG)

- Aufzucht und das Halten von Vieh, die Anzucht von Pflanzen und die Teilnahme an Leistungsprüfungen für Tiere (§ 12 Abs. 2 Nr. 3 UStG)

- Leistungen, die unmittelbar der Vatertierhaltung, der Förderung der Tierzucht, der künstlichen Tierbesamung oder der Leistungs- und Qualitätsprüfung in der Tierzucht und der Milchwirtschaft dienen (§ 12 Abs. 2 Nr. 4 UStG)

- Leistungen aus der Tätigkeit als Zahntechniker (§ 12 Abs. 2 Nr. 6 UStG)

- Eintrittsberechtigung für Theater, Konzerte, Museen, Überlassung von Filmen zur Auswertung und Vorführung, Einräumung, Übertragung und Wahrnehmung von Rechnungen, die sich aus dem Urhebergesetz ergeben, Zirkusvorstellungen (§ 12 Abs. 2 Nr. 7 UStG)

- Leistungen der Körperschaften, die ausschließlich und unmittelbar gemeinnützige, mildtätige oder kirchliche Zwecke verfolgen (§ 12 Abs. 2 Nr. 8 UStG)
- Betrieb der Schwimmbäder (§ 12 Abs. 2 Nr. 9 UStG)
- Beförderung von Personen im Schienenbahnverkehr u.a. innerhalb einer Gemeinde oder wenn die Beförderungsstrecke nicht mehr als fünfzig Kilometer beträgt (§ 12 Abs. 2 Nr. 10 UStG).

Die Universitätsbuchhandlung hat für die Lieferung des Umsatzsteuerkommentars im Fall 73 den ermäßigten Umsatzsteuersatz zu berücksichtigen. Nach § 12 Abs. 2 Nr. 1 UStG in Verbindung mit Anlage 2 zum UStG, lfd. Nr. 49, ist die Lieferung von Büchern ermäßigt zu besteuern. Die Bemessungsgrundlage beträgt 120,00 €, die Umsatzsteuer 8,40 €.

Abgabe von Speisen und Getränken

Fall 74

Max Jost fährt nach einer anstrengenden Vorlesung zu dem nahe gelegenen McDonalds, um sich zu stärken. Nachdem er seine Bestellung aufgegebenen hat, wird er vom Servicepersonal gefragt, ob er sein Menü mitnehmen oder im Restaurant essen möchte. Geht es bei der Frage nur darum, ob das Essen eingepackt werden soll?

Die Lieferung von Lebensmitteln unterliegt nach § 12 Abs. 2 Nr. 1 UStG in Verbindung mit Anlage 2 zum UStG, lfd. Nrn. 2, 3, 10, 28, 31, 32, 33 dem ermäßigten Steuersatz von 7 %. Der ermäßigte Steuersatz ist jedoch nur auf Lieferungen anwendbar. Die Abgabe von zubereiteten oder nicht zubereiteten Speisen und/oder Getränken mit oder ohne Beförderung, jedoch ohne andere unterstützende Dienstleistungen, gilt nach Art. 6 der MwSt-DVO als Lieferung.

Bei der Abgabe von Speisen und Getränken zum Verzehr an Ort und Stelle handelt es sich um keine Lieferung, sondern um eine sonstige Leistung (Restaurantdienstleistung), die dem Regelsteuersatz von 19 v.H. unterliegt.

Speisen und Getränke werden zum Verzehr an Ort und Stelle (mit anderen unterstützenden Dienstleistungen) abgegeben, wenn sie nach den Umständen der Abgabe dazu bestimmt sind, an einem Ort verzehrt zu werden, der mit dem Abgabeort in einem räumlichen Zusammenhang steht, und besondere Vorrichtungen für den Verzehr an Ort und Stelle bereitgehalten werden. Besondere Vorrichtungen sind Tische und Stühle eines Gasthauses/Restaurants. Verkaufstheken, Tresen und Ablagebretter, die dem Verkauf von Waren dienen, sind keine Verzehrvorrichtungen; auch die Kinobestuhlung allein ist keine besondere Verzehrvorrichtung, so dass der Verkauf von Popcorn, Nachos, Süßigkeiten, Hot Dogs und Eis im Kino dem ermäßigten Steuersatz unterliegt (EuGH-Urteil vom 10.3.2011). Abgepackte Speisen sind nicht zum Verzehr an Ort und Stelle bestimmt.

Entscheidet sich Max Jost im Fall 74 die Speisen im McDonalds Restaurant zu sich zu nehmen, dann ist der Verkauf der Speisen eine sonstige Leistung. Die sonstige Leistung ist mit dem Regelsteuersatz zu besteuern. Lässt Max Jost die Speisen einpacken, dann unterliegt die Lieferung der Speisen dem ermäßigten Umsatzsteuersatz von 7 v.H. Der Verkauf der Getränke, z.B. Cola, Orangensaft, Bier, Mineralwasser, unterliegt immer dem Regelsteuersatz von 19 %; Getränke gehören nicht zu den begünstigten Lebensmitteln.

Hinweis: *Nachdem der Verkaufspreis in beiden Fällen gleich ist, ist der Nettoumsatz und Ertrag für das McDonalds-Restaurant höher, wenn die Kunden die Speisen mitnehmen.*

Steuersatz und Einheitlichkeit der Leistung

Welcher Steuersatz kommt zur Anwendung, wenn mehrere Gegenstände mit unterschiedlichem Steuersatz geliefert werden?

Fall 75

Max Jost bestellt bei Amalon ein Umsatzsteuerlehrbuch zum Preis von 26 €. Zusätzlich bestellt er sich einen USB-Speicherstick zum Preis von 40 €. Der Rechnungsbetrag lautet über 66 €. Welche Umsatzsteuersätze kommen zur Anwendung?

Die Frage, welche Steuersätze zur Anwendung kommen, ist für jede Lieferung selbständig zu beantworten. Es ist für jeden Liefergegenstand selbständig zu prüfen, ob er in der Anlage 2 zum Umsatzsteuergesetz aufgeführt ist.

Bei der Lieferung von Amalon handelt es sich um zwei selbständige Hauptleistungen. Der Verkauf des Buches ist als Lieferung nach § 12 Abs. 2 Nr. 1 UStG i.V.m. lfd. Nr. 49 der Anlage 2 zum UStG mit dem ermäßigten Steuersatz von 7 % zu besteuern. Der Verkauf des USB-Sticks ist mit dem Regelsteuersatz von 19 % zu besteuern.

Besteht die Lieferung aus einer Haupt- und einer Nebenleistung, so ist der Umsatzsteuersatz einheitlich zu bestimmen.

Fall 76

Max Jost bestellt zwei Wochen später bei Amalon ein weiteres Umsatzsteuerlehrbuch zum Preis von 30 €. Da der Bestellwert von 50 € nicht erreicht ist, werden ihm zusätzlich 5 € Versandkosten berechnet; der Rechnungsendbetrag lautet über 35 €. Welche Umsatzsteuersätze kommen zur Anwendung?

Amalon führt mit dem Verkauf des Buches eine Lieferung aus. Die Lieferung des Buches stellt die Hauptleistung dar. Der Versand des Buches ist nur eine Nebenleistung, die umsatzsteuerrechtlich das Schicksal der Hauptleistung teilt. Amalon hat auf der Rechnung den ermäßigten Steuersatz von 7 % beim Buch und auch bei den Versandkosten zu berücksichtigen. Die Bemessungsgrundlage beträgt 32,71 €, die Umsatzsteuer 2,29 €.

Lässt Max Jost das Buch durch einen Kurierdienst von einem Buchhändler abholen und werden ihm hierfür 5 € berechnet, dann unterliegt die Leistung des Kurierdienstes als eigene Hauptleistung dem Regelsteuersatz von 19 v.H.

IV. Rechnungsvorschriften und Vorsteuerabzug

Lektion 14: Rechnungsvorschriften

Begriff und Form der Rechnung

Fall 77

Die EDV GmbH übersendet dem Unternehmensberater für die Reparatur des Farbdruckers eine E-Mail mit folgendem Inhalt: „Sehr geehrte Damen und Herren, für die Reparatur Ihres Farbdruckers berechne ich Ihnen wie vereinbart 500 € zzgl. 19 % Umsatzsteuer (= 95 €). Bitte überweisen Sie den Rechnungsbetrag auf mein Konto bei der ...“. Erfolgte die Rechnung der EDV GmbH ordnungsgemäß?

Eine Rechnung ist ein Dokument oder eine Mehrzahl von Dokumenten, mit denen über eine Leistung abgerechnet wird. Der Begriff „Rechnung“ ist nicht erforderlich. Keine Rechnungen sind Schriftstücke, die nicht der Abrechnung dienen, sondern sich auf den Zahlungsverkehr beziehen (z.B. Mahnungen), selbst wenn das Schriftstück alle erforderlichen Angaben enthält.

Fehlt einer Rechnung eine erforderliche Angabe, so kann diese durch den leistenden Unternehmer ergänzt werden. Die Gesamtheit aller Dokumente bilden dann die Rechnung.

Leitsatz 29

Rechnungen

Eine Rechnung kann aus **mehreren Dokumenten** bestehen.
Die Gesamtheit aller Dokumente bildet die Rechnung.

Auch ein Vertrag ist als Rechnung anzusehen, wenn er alle geforderten Angaben enthält.

Rechnungen sind auf Papier oder mit Zustimmung des Empfängers auf elektronischem Wege zu übermitteln (§ 14 Abs. 1 Satz 7 UStG). Bei einer auf elektronischem Weg übermittelten Rechnung müssen Echtheit, Herkunft und Unversehrtheit des Inhalts gewährleistet sein. Diese Voraussetzungen gelten bei einer qualifizierten Signatur als erfüllt (§ 14 Abs. 3 UStG). Wird die Rechnung per PDF, Word- oder Excel-Datei oder als E-Mailtext übermittelt, so muss der Unternehmer die Voraussetzungen durch innerbetriebliche Kontrollverfahren sicherstellen.

Eine per Telefax an ein Standard-Telefax (nicht Computer-Telefax) übermittelte Rechnung gilt als Papierrechnung (Abschnitt 14.4 Abs. 2 UStAE).

Leitsatz 30

Elektronische Rechnungen

Neben Rechnungen auf Papier können auch elektronische Abrechnungen per **E-Mail, Word**- oder **Exceldokumenten** als Rechnungen **anerkannt** werden.

Die Abrechnung durch die EDV GmbH im Fall 77 stellt eine ordnungsgemäße Form der Rechnung dar. Rechnungen sind auf Papier – oder mit Zustimmung des Leistungsempfängers – elektronisch zu erteilen. Die Rechnung in Form einer reinen Textmail erfüllt die formellen Anforderungen an eine Rechnung, wenn über ein innerbetriebliches Kontrollverfahren in Form einer üblichen Rechnungsprüfung die Richtigkeit der Rechnung sichergestellt ist (bis zum 1.7.2011 war noch eine qualifizierte Signatur erforderlich).

Der Unternehmensberater kann im Fall 77 auf die per E-Mail erhaltene Abrechnung an die EDV GmbH den geforderten Betrag von 595 € als Vorsteuer geltend machen, da die Abrechnung den gesetzlichen Anforderungen entspricht, wenn in der E-Mail die weiteren Pflichtangaben (siehe unten) enthalten sind.

Angaben in einer Rechnung

Eine Rechnung muss als Voraussetzung für den Vorsteuerabzug Pflichtangaben enthalten. Fehlt einer Rechnung eine Pflichtangabe, so kann der Leistungsempfänger den Vorsteuerbetrag nicht geltend machen.

Hierzu nun die Übersicht 18 mit der konkreten Auflistung der Pflichtangaben.

Übersicht 18: Pflichtangaben einer Rechnung

Eine Rechnung muss folgende Angaben enthalten:

- Namen und vollständige Anschrift des **leistenden Unternehmers**
  (Ausreichend ist, wenn sich aus den aufgenommenen Bezeichnungen der Name und die Anschrift eindeutig feststellen lassen.)

- Vollständigen Namen und vollständige Anschrift des **Leistungsempfängers**
  (Statt der Anschrift ist die Angabe eines Postfaches oder einer Großkundenadresse ausreichend.)

- Vom Finanzamt erteilte **Steuernummer** oder die vom Bundeszentralamt für Steuern erteilte Umsatzsteuer-Identifikationsnummer
  (Zusätzliche Angaben wie Finanzamt oder Finanzamtschlüssel sind nicht erforderlich.)

- **Ausstellungsdatum** der Rechnung
  (Das Ausstellungsdatum ist das tatsächliche Datum der Erstellung/Ausstellung der Rechnung und ist unabhängig vom Datum der Leistungserbringung.)

- Fortlaufende **Rechnungsnummer**
  (Sie dient der Identifizierung der Rechnung beim Rechnungsaussteller und darf nur einmalig während des Unternehmensbestehens vergeben werden. Die fortlaufende Nummerierung kann aus einer oder mehreren Zahlen- und/oder Buchstabenreihen erfolgen (Nummernkreise). Nummernkreise sind für zeitlich, geographisch oder organisatorisch abgegrenzte Bereiche zulässig z.B. für Zeiträume (Jahre, Monate), Filialen, Objekte oder auch Kunden.)

- **Menge** und **Art** der **gelieferten Gegenstände** in Form einer handelsüblichen Bezeichnung
  (Gruppenbezeichnungen wie „Geschenkartikel" sind nicht ausreichend. Bei sonstigen Leistungen sind der **Umfang** und die **Art der Leistung** zu berücksichtigen.)

- **Zeitpunkt** der Lieferung oder sonstigen Leistung

  (Er kann als Kalendermonat angegeben werden (§ 31 Abs. 4 UStDV). Bei Beförderungs- oder Versendungslieferungen ist der Beginn der Beförderung oder Versendung maßgebend.)

- **Entgelt** für die Leistung

  (Es ist nach Steuersätzen oder einzelnen Steuerbefreiungen aufzuschlüsseln. Abzuziehen sind die im Voraus vereinbarten Minderungen z.B. durch Rabatte. Bei dem Entgelt handelt es sich um den Nettobetrag der Rechnung. Bei Zahlungskonditionen genügt die Angabe wie z.B. „2 % Skonto bei Zahlung innerhalb von zehn Tagen". Das Skonto muss nicht betragsmäßig in die Entgeltsminderung und den Umsatzsteuerbetrag aufgeschlüsselt werden.)

- **Steuersatz** sowie den **Umsatzsteuerbetrag**

  (Bei Steuerbefreiungen ist ein Hinweis auf die Steuerbefreiung erforderlich. Wird in einer Rechnung ein zu hoher Umsatzsteuerbetrag ausgewiesen, weil z.B. über eine steuerfreie Leistung steuerpflichtig abgerechnet wird, so ist der Leistungsempfänger aber nicht berechtigt, die falsch ausgewiesene Umsatzsteuer als Vorsteuer abzuziehen, selbst wenn er den Betrag an den leistenden Unternehmer überwiesen hat und dieser den Umsatz als steuerpflichtig behandelt hat (Abschnitt 15.2. Abs. 1 Satz 3 UStAE).

- Hinweis auf die **Verpflichtung zur Aufbewahrung der Rechnung**

  (**Nur** wenn es sich um eine Leistung im Zusammenhang mit einem Grundstück handelt. Für Leistungen im Zusammenhang mit einem Grundstück ist jeder Leistungsempfänger, Privatperson oder Unternehmer, zur Aufbewahrung der Rechnung verpflichtet. Privatpersonen müssen die Rechnung oder den Zahlungsbeleg zwei Jahre aufbewahren (§ 14b Abs. 1 S. 5 UStG). Für Unternehmer gilt eine Aufbewahrungspflicht von zehn Jahren (§ 14b Abs. 1 S. 1 UStG). Die Aufbewahrungspflicht beginnt mit dem Schluss des Kalenderjahres, in dem die Rechnung ausgestellt worden ist.)

- **Hinweis auf die Steuerschuldnerschaft**

  (**Nur** wenn der Leistungsempfänger die Umsatzsteuer an das Finanzamt abzuführen hat (§ 13b UStG). Z.B. bei Bauleistungen oder bei Leistungen eines im Ausland ansässigen Unternehmens.)

Achtung: Erleichterung bei sog. **Kleinbetragsrechnungen** bis 150 €

Kleinbetragsrechnungen

Bei sog. Kleinbetragsrechnungen sind aus Gründen der Praxisvereinfachung nicht alle vorgenannten Angaben erforderlich. Kleinbetragsrechnungen sind Rechnungen, deren Gesamtbetrag 150 € nicht übersteigt.

Eine Kleinbetragsrechnung muss die Angaben zum leistenden Unternehmer, das Ausstellungsdatum, die Menge und Art der gelieferten Gegenstände oder den Umfang und die Art der sonstigen Leistung, das Entgelt und den darauf entfallenden Steuerbetrag in einer Summe und den Steuersatz oder im Fall einer Steuerbefreiung einen Hinweis darauf enthalten.

Leitsatz 31

Kleinbetragsrechnung

Bei sog. Kleinbetragsrechnungen **bis 150 €** sind folgende Angaben hinreichend:

- **leistender Unternehmer**
- **Ausstellungsdatum**
- **Menge** und **Art/Umfang** und **Art**
- **Entgelt**
- **Steuerbetrag**
- **Steuersatz**

Verpflichtung zur Rechnungsausstellung

Fall 78

Die EDV GmbH erhält von seinem Kunden Mauser den Auftrag zur Reparatur des Farbdruckers über 500 €. Nach Ausführung der Leistung verlangt der Kunde eine ordnungsgemäße Rechnung. Ist die EDV GmbH zur Erstellung einer ordnungsgemäßen Rechnung verpflichtet?

Da das Umsatzsteuergesetz für den Vorsteuerabzug beim Leistungsempfänger eine Rechnung voraussetzt, ist die EDV GmbH verpflichtet, bei Leistungen an einen anderen Unternehmer eine ordnungsgemäße, alle Pflichtangaben enthaltende Rechnung auszustellen (§ 14 Abs. 2 Nr. 2 UStG). Ein Unternehmer ist auch dann zur Ausstellung einer Rechnung verpflichtet, wenn es sich um eine Leistung im Zusammenhang mit einem Grundstück handelt

(§ 14 Abs. 2 Nr. 1 UStG). Dies ist dann der Fall, wenn die Leistung die Bebauung, Verwertung, Nutzung oder Unterhaltung eines Grundstücks betrifft, z.B. Renovierungsarbeiten, Gartenarbeiten, Reinigungsarbeiten. Die Rechnung ist innerhalb von sechs Monaten nach Ausführung der Leistung auszustellen. So lange die Leistung noch nicht abgeschlossen ist, besteht demnach auch noch keine Pflicht.

Leitsatz 32

Verpflichtung zur Rechnungsausstellung

Ein Unternehmer ist zur Ausstellung von Rechnungen nach dem Umsatzsteuergesetz **verpflichtet**, wenn er Leistungen

1. an **andere Unternehmer** oder
2. im Zusammenhang mit einem **Grundstück** erbringt.

Der Anspruch nach § 14 Abs. 2 UStG auf Erteilung einer Rechnung ist ein zivilrechtlicher Anspruch, der gem. § 13 GVG vor den ordentlichen Gerichten geltend gemacht werden kann. Die Verpflichtung zur Abrechnung ergibt sich aber auch aus § 242 BGB als zivilrechtliche Nebenverpflichtung aus dem Schuldverhältnis. Kommt der leistende Unternehmer seiner Pflicht zur Ausstellung einer ordnungsmäßigen Rechnung nicht nach, so hat der Leistungsempfänger nach § 273 BGB ein Zurückbehaltungsrecht. Dieses Zurückbehaltungsrecht umfasst jedoch nur den Steuerbetrag und nicht den gesamten Rechnungsbetrag.

Losgelöst von der Verpflichtung zur Ausstellung von Rechnungen durch den leistenden Unternehmer können die Parteien vorher vereinbaren, dass der Leistungsempfänger eine Rechnung ausstellt (Gutschrift). Die Abrechnung durch den Leistungsempfänger statt wie üblich durch den leistenden Unternehmer muss vorher explizit vereinbart werden – einer besonderen Form bedarf die Vereinbarung jedoch nicht.

Die Abrechnung mittels Gutschrift ist häufig bei Provisionsabrechnungen der Handelsvertreter oder Autorenhonorarabrechnungen der Verlage anzutreffen. Auch im normalen Geschäftsverkehr wird diese Möglichkeit genutzt, um Rechnungen zu korrigieren. Zu einer zu hohen Rechnung wird dann im Nachgang eine Gutschrift ausgestellt.

Leitsatz 33

Gutschriften

Rechnungen **können** auch bei vorheriger formfreier Vereinbarung durch den **Leitungsempfänger** ausgestellt werden und werden dann als „Gutschriften" bezeichnet.

Berichtigung einer Rechnung

Fall 79

Die EDV GmbH übersendet dem Kunden Mauser für die Reparatur des Farbdruckers per Post eine Rechnung, in der sie die Angabe des Leistungszeitpunktes vergisst. Die anderen Pflichtangaben ergeben sich aus der Rechnung. Ist eine Berichtigung oder Ergänzung der Rechnung möglich?

Eine Rechnung kann berichtigt oder ergänzt werden, wenn diese nicht alle erforderlichen Angaben enthält oder eine Angabe unzutreffend ist. Nicht erforderlich ist, dass die ursprüngliche Rechnung zurückgegeben wird. Es ist ausreichend, wenn die fehlenden oder unzutreffenden Angaben durch ein Dokument, welches sich auf die Rechnung bezieht, übermittelt werden.

Im Fall 79 kann die EDV GmbH in einem gesonderten Schreiben – mit Bezug auf die Rechnung – dem Leistungsempfänger mitteilen, wann die Leistung ausgeführt wurde. Die Rechnung besteht dann aus allen Dokumenten; aus der vorliegenden ersten Rechnung und dem ergänzenden Schreiben.

Eine Berichtigung muss und darf nur durch den leistenden Unternehmer erfolgen. Eine Mitwirkung des Leistungsempfängers ist nicht zulässig.

Fall 80

Die EDV GmbH hat für die Lieferung einer EDV-Anlage fälschlicherweise eine Rechnung über 3.000 € zzgl. 670 € Umsatzsteuer (richtig wären 570 €), Rechnungsendbetrag in Höhe von 3.670 € erstellt und an den Kunden verschickt. Welche Folgen ergeben sich aus dem Rechenfehler in der Rechnung?

Hat der leistende Unternehmer in einer Rechnung einen höheren Steuerbetrag, als er nach dem Umsatzsteuergesetz für den Umsatz schuldet, gesondert ausgewiesen, so schuldet er auch den Mehrbetrag gegenüber dem Finanzamt (unrichtiger Steuerausweis, § 14c Abs. 1 UStG).

Der Leistungsempfänger kann unabhängig davon nur die nach dem Gesetz geschuldete Umsatzsteuer als Vorsteuer abziehen.

Im Fall 80 hat die EDV GmbH die nach dem Gesetz für die Lieferung entstehende Umsatzsteuer in Höhe von 570 € und den Mehrbetrag in Höhe von 100 € an das Finanzamt abzuführen. Dies gilt selbst dann, wenn der Empfänger den Fehler bemerkt und nur den richtigen, gekürzten Rechnungsbetrag überweist. Der Leistungsempfänger kann, auch wenn er den vollen (fehlerhaften) Rechnungsbetrag von 3.670 € bezahlt, nur den gesetzlichen Umsatzsteuerbetrag für die Leistung in Höhe von 570 € als Vorsteuer geltend machen.

Eine fehlerhafte Rechnung kann jedoch durch den leistenden Unternehmer berichtigt werden.

Fall 81

Die EDV GmbH hat für die Lieferung einer EDV-Anlage an den Sohn des Gesellschafts-Geschäftsführers der Jost GmbH eine Rechnung in Höhe von 1.500 € zzgl. 19 % USt (285 €), Rechnungsendbetrag in Höhe von 1.785 €, an die Jost GmbH adressiert. Die Jost GmbH hat die Rechnung in ihrer Buchhaltung erfasst und den Umsatzsteuerbetrag in Höhe von 285 € als Vorsteuer geltend gemacht. Welche Folgen ergeben sich für die EDV GmbH, da sie die Rechnung nicht an den Leistungsempfänger, sondern an die GmbH des Vaters adressiert hat?

Wenn ein Unternehmer in einer Rechnung Umsatzsteuer ausweist, obwohl er diese Lieferung gar nicht ausgeführt hat z.B. bei Scheinrechnungen (unberechtigter Steuerausweis, § 14c Abs. 2 UStG), so schuldet er den ausgewiesenen Betrag. Eine Scheinrechnung liegt auch vor, wenn der Unternehmer eine Leistung erbracht hat, diese aber gegenüber einer anderen Person abrechnet.

Die EDV GmbH schuldet im Fall 81 für die Lieferung der EDV-Anlage an den Sohn den Umsatzsteuerbetrag von 285 € und zusätzlich(!) den Umsatzsteuerbetrag aus der Scheinrechnung an die Jost GmbH.

Eine Berichtigung der Rechnung und der Umsatzsteuer kann in diesen Fällen nur erfolgen, soweit eine Gefährdung des Steueraufkommens beseitigt worden ist. Dies ist der Fall, wenn der Empfänger keinen Vorsteuerabzug geltend gemacht hat oder zurückgezahlt wurde. Die Berichtigung darf nur nach gesondertem schriftlichem Antrag und erst nach Zustimmung durch das Finanzamt erfolgen.

Lektion 15: Abziehbare Vorsteuer

Der Vorsteuerabzug ist die zweite Säule des Umsatzsteuersystems, welche für die Erfolgsneutralität der Umsatzsteuer bei Unternehmen sorgt.

Der Unternehmer kann den Vorsteuerbetrag abziehen, wenn

- steuerpflichtige Leistungen
- für das Unternehmen bezogen werden und
- eine Rechnung mit den Anforderungen der §§ 14, 14a UStG vorliegt.

Sind die Voraussetzungen erfüllt und ist kein Vorsteuerausschluss für sog. Repräsentationsleistungen oder steuerfreie Ausschlussumsätze zu berücksichtigen, dann ist der Vorsteuerbetrag abzugsfähig. Die Prüfreihenfolge zur Bestimmung der abzugsfähigen Vorsteuer ergibt sich aus der Übersicht 19.

Übersicht 19: Vorsteuerabzug nach § 15 UStG

Abziehbare Vorsteuer nach § 15 Abs. 1 UStG
(steuerpflichtige Leistung, für das Unternehmen, ordnungsgemäße Rechnung)

▼

Kein Vorsteuerausschluss
für **Repräsentationsaufwendungen**
(§ 15 Abs. 1a UStG)

▼

Kein Vorsteuerausschluss
für **steuerfreie Ausschlussumsätze**
(§ 15 Abs. 2 und 3 UStG)

▼

Abzugsfähige Vorsteuer

Fall 82

Die Maschinenbau SHR GmbH aus Aschaffenburg konstruiert und fertigt für die Automobilindustrie Sondermaschinen. Sie kauft von der

Rebotics GmbH aus Frankfurt eine Pressanlage in Höhe von 100.000 € zzgl. 19.000 € Umsatzsteuer. Kann die SHR Maschinenbau GmbH die Umsatzsteuer in Höhe von 19.000 € als Vorsteuer geltend machen?

Zum Vorsteuerabzug sind ausschließlich Unternehmer berechtigt. Nach § 15 Abs. 1 Satz 1 UStG ist nur die gesetzlich geschuldete Steuer für Lieferungen und sonstige Leistungen, die von einem anderen Unternehmer für das Unternehmen des Leistungsempfängers ausgeführt worden sind, als Vorsteuer abziehbar.

Die Maschinenbau SHR GmbH aus Fall 82 ist, da sie ihre gewerbliche und berufliche Tätigkeit selbständig ausführt, Unternehmer (juristische Personen, sind abgesehen vom Fall der Organschaft immer selbständig tätig). Die Rebotics GmbH ist ebenfalls Unternehmerin; für die Lieferung der Pressanlage schuldet diese die Umsatzsteuer. Bei Vorlage einer ordnungsgemäßen Rechnung ist die Umsatzsteuer in Höhe von 19.000 € als Vorsteuer nach § 15 Abs. 1 UStG für die SHR Maschinenbau GmbH abziehbar.

Das Recht auf den Vorsteuerabzug beginnt nicht erst mit der Ausführung von Leistungen (Lieferungen oder sonstige Leistungen), sondern bereits mit dem Beginn des unternehmerischen Tätigwerdens.

Fall 83

Der bisher bei der Audi AG beschäftigte Buchhalter Pfiffig möchte sich als Unternehmensberater selbständig machen. Hierzu mietet er ab März Geschäftsräume für 500 € Miete zzgl. 95 € Umsatzsteuer an. Im August erhält er seinen ersten Auftrag, den er im September ausführt. Ab wann ist die Vorsteuer für die Geschäftsraummiete abzugsfähig?

Die Unternehmereigenschaft beginnt mit dem ersten Tätigwerden. Zum „Tätigwerden" gehören auch Vorbereitungshandlungen. Daher ist ein Vorsteuerabzug auch bereits für Vorbereitungshandlungen möglich. Die Vorsteuer für die Geschäftsraummiete ist daher bereits ab März abziehbar. Die spätere erstmalige Auftragserteilung oder Auftragsausführung ist ohne Bedeutung.

Fall 84

Die SHR Maschinenbau GmbH benötigt für einen neuen Servicemitarbeiter ein neues Fahrzeug. Sie kauft das benötigte Fahrzeug von einer Privatperson für 35.700 €. Kann die SHR Maschinenbau GmbH aus dem Fahrzeugkauf Vorsteuer abziehen, wenn der Verkäufer auf Verlangen der SHR Maschinenbau GmbH eine Rechnung ausstellt und darin 5.700 € Umsatzsteuer ausweist?

Nur gesetzlich geschuldete Steuer für Lieferungen und sonstige Leistungen, die von einem anderen Unternehmer für das Unternehmen des Leistungsempfängers ausgeführt worden sind, sind als Vorsteuer abzugsfähig.

Ein Vorsteuerabzug ist damit nicht zulässig, soweit die die Rechnung ausstellende Person die Steuer nach § 14c UStG schuldet. Dies ist dann der Fall, wenn z.B. in einer Rechnung eine höhere als die geschuldete Umsatzsteuer ausgewiesen wird (§ 14c Abs. 1 UStG) oder wenn z.B. eine Person, die kein Unternehmer ist, eine Rechnung mit Umsatzsteuerausweis erteilt (§ 14c Abs. 2 UStG). Abziehbar sind nur Vorsteuerbeträge, die nach dem deutschen Umsatzsteuergesetz geschuldet werden.

Ob für die SHR Maschinenbau GmbH im Fall 84 die ausgewiesene Umsatzsteuer als Vorsteuer abziehbar ist, hängt davon ab, ob der Verkäufer für den Verkauf des Fahrzeuges Umsatzsteuer schuldet. Nach dem Sachverhalt handelt es sich bei dem Verkäufer um eine Privatperson/einen Nichtunternehmer. Der Verkäufer hat die Umsatzsteuer daher unzulässig in der Rechnung ausgewiesen. Obwohl der Verkäufer die Umsatzsteuer nach § 14c UStG schuldet, kann die SHR Maschinenbau GmbH diese nicht als Vorsteuer abziehen. Der Verkäufer kann die Rechnung glücklicherweise nach § 14c Abs. 2 UStG berichtigen.

Der Vorsteuerabzug setzt also eine weitreichende Prüfung des Sachverhaltes voraus. Der Leistungsempfänger muss bei jedem Leistungseinkauf prüfen:

- Schuldet der Leistende für die Leistung überhaupt Umsatzsteuer?
- Schuldet er diese in der Höhe, die in der Rechnung ausgewiesenen ist?

Leitsatz 34

Vorsteuerabzug

Nur **gesetzlich geschuldete Steuer** für Lieferungen und sonstige Leistungen sind als Vorsteuer abziehbar.

Leistungseinkauf für das Unternehmen

Fall 85

Herr Meyer betreibt eine Handelsagentur. Im April kauft er ein VW Cabrio, welches er seiner Ehefrau zur ausschließlichen privaten Nutzung überlässt. Der Kaufpreis beträgt 50.000 € zzgl. 8.000 € Umsatzsteuer. Doch die Liebe hält nicht lange, denn seine Frau verlässt ihn im Juni. Ab Juni nutzt Herr Meyer das Cabriolet ausschließlich für die Handelsvertretung.

Vorsteuerbeträge sind abziehbar, wenn die Leistung (Lieferung oder sonstige Leistung) für das Unternehmen ausgeführt wurde. Dabei sind die Verhältnisse im Zeitpunkt des Leistungseinkaufs maßgebend. Eine erstmalige vorübergehende nichtunternehmerische Verwendung steht dem Leistungsbezug für das Unternehmen nicht entgegen, wenn der Gegenstand anschließend bestimmungsgemäß unternehmerisch genutzt wird.

Herr Meyer kann im Fall 85 das Fahrzeug beim Kauf im April nicht dem Unternehmensvermögen zuordnen, da es ausschließlich außerunternehmerischen Zwecken dient. Der Gegenstand wurde nicht für das Unternehmen bezogen, so dass ein Vorsteuerabzug ausscheidet. Ab Juni nutzt der Handelsvertreter das Fahrzeug ausschließlich für unternehmerische Zwecke. Ein Vorsteuerabzug kann jedoch nicht mehr geltend gemacht werden, da die Voraussetzungen für den Vorsteuerabzug im Zeitpunkt des Leistungseinkaufs maßgebend sind.

Fall 86

Buchhalter Pfiffig hat sich mit seinem Entschluss, als Unternehmensberater tätig zu sein, richtig entschieden. Bereits im September ist er für die nächsten sechs Monate ausgebucht. Nachdem er zwischenzeitlich auch Mitarbeiter eingestellt hat, kauft er für seine Unternehmensberatung vier Computer und gleichzeitig einen weiteren Computer für seine Tochter.

Kann der Buchhalter Pfiffig für die gekauften Computer die Vorsteuer abziehen?

Wird eine Leistung sowohl für das Unternehmen als auch für Zwecke, die außerhalb des Unternehmens liegen, bezogen, so ist bei der Lieferung von vertretbaren Sachen und beim Bezug von sonstigen Leistungen die Leistung entsprechend dem Verwendungszweck aufzuteilen. Vorsteuerbeträge sind abziehbar, soweit die Leistung für das Unternehmen ausgeführt wurde.

Herr Pfiffig hat im Fall 86 fünf Computer gekauft. Es handelt sich hierbei um vertretbare Sachen. Bei vertretbaren Sachen hat die Aufteilung nach dem Verwendungszweck zu erfolgen. Unternehmensberater Pfiffig hat vier Computer für sein Unternehmen bezogen und kann daher unter den sonstigen Voraussetzungen für diese vier Computer die Vorsteuer abziehen. Der fünfte Computer wurde nicht für das Unternehmen bezogen. Pfiffig kann daher diesen auch nicht dem Unternehmen zuordnen. Die Vorsteuer für den fünften Computer ist nicht abziehbar.

Telefondienstleistungen werden als sonstige Leistungen nur insoweit für das Unternehmen bezogen, als der Unternehmer das Telefon unternehmerisch nutzt. Bezieht ein Unternehmer monatliche Telefondienstleistungen im Umfang von 200 € zzgl. Umsatzsteuer 38 € und nutzt er das Telefon zu 60 % unternehmerisch, so ist nur der Anteil von 60 % für das Unternehmen bezogen. Der Unternehmer kann daher nur den entsprechenden Anteil von 22,80 € (60 % von 38 €) als Vorsteuer abziehen.

Fall 87

Auch im nächsten Jahr entwickelt sich die Unternehmensberatung von Herrn Pfiffig weiter. Ein Porsche muss her. Er beendet damit endgültig seine Beziehung zu der Audi AG. Er kauft für 120.000 € das Fahrzeug von den Stuttgarter Autobauern zzgl. 22.800 € Umsatzsteuer. Pfiffig nutzt das Fahrzeug zu 80 % für Fahrten zu Kunden und zu 20 % für private Zwecke. Kann Herr Pfiffig den Porsche insgesamt seinem Unternehmen zuordnen und dem folgend die Umsatzsteuer in vollem Umfang in Höhe von 22.800 € als Vorsteuer abziehen?

Vorsteuerbeträge sind abziehbar, wenn die Leistung (Lieferung oder sonstige Leistung) für das Unternehmen ausgeführt wurde. Bei der Lieferung eines einheitlichen Gegenstandes hat der Unternehmer ein Wahlrecht.

Der Unternehmer kann den Gegenstand insgesamt dem unternehmerischen Bereich zuordnen, wenn die unternehmerische Nutzung mind. 10 % beträgt (§ 15 Abs. 1 Satz 2 UStG). Der Unternehmer kann den Gegenstand aber auch insgesamt seinem nichtunternehmerischen Bereich (privaten Bereich) zuordnen oder auf den unternehmerischen und nichtunternehmerischen Bereich aufteilen.

Übersicht 20: Wahlrecht bei einheitlichen Gegenständen

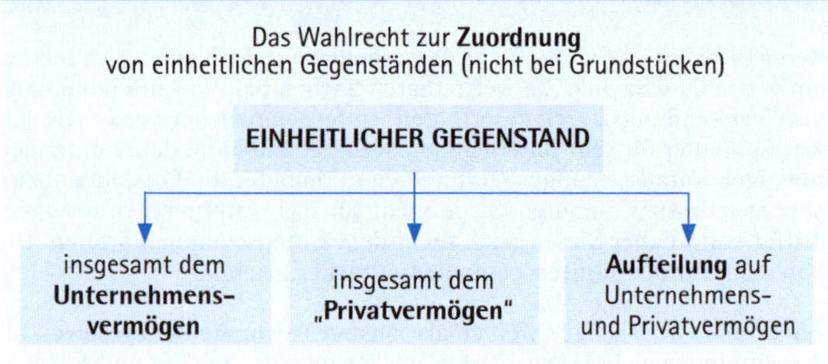

Eine Zuordnung eines einheitlichen Gegenstandes zum Unternehmensbereich ist nicht möglich, wenn der Unternehmer den Gegenstand zu weniger als 10 % für sein Unternehmen nutzt (§ 15 Abs. 1 Satz 2 UStG). Positiv ausgedrückt kann ein einheitlicher Gegenstand dem Unternehmen zugeordnet werden, wenn er mindestens 10 % für das Unternehmen genutzt wird.

Wird der Gegenstand zulässigerweise insgesamt dem Unternehmen zugeordnet, dann sind Umsatzsteuerbeträge, die durch den Erwerb, die Herstellung sowie die Verwendung oder Nutzung eines solchen Gegenstandes anfallen (z.B. Fahrzeuge, Computer, Gebäude), in vollem Umfang abziehbar. Zum Ausgleich unterliegt die Verwendung des Gegenstandes für nichtunternehmerische/private Zwecke der Umsatzsteuer. Die Zuordnungsentscheidung trifft der Unternehmer im Regelfall mit der Inanspruchnahme des Vorsteuerabzuges.

Wird der Gegenstand insgesamt dem nichtunternehmerischen/privaten Bereich zugeordnet, so ist ein Vorsteuerabzug aus dem Erwerb oder der

Herstellung nicht möglich. Der Unternehmer kann nur die Vorsteuerbeträge abziehen, die unmittelbar durch die unternehmerische Verwendung anfallen (z.B. Vorsteuer für den Bezug von Benzin/Diesel anlässlich einer unternehmerischen Fahrt mit einem privaten Kraftfahrzeug).

Ordnet der Unternehmer den Gegenstand nur hinsichtlich des unternehmerisch genutzten Anteils dem Unternehmen zu, so kann er nur die auf diesen Teil entfallende Vorsteuer aus dem Erwerb oder der Herstellung abziehen.

Die vom Unternehmer zu treffende Zuordnungsentscheidung ist zeitnah, in der Regel durch den Vorsteuerabzug in der Umsatzsteuervoranmeldung, zu treffen. Die Rechtsprechung lässt es zu, eine im Rahmen einer Umsatzsteuervoranmeldung zunächst unterbliebene Zuordnungsentscheidung spätestens innerhalb der für die Jahressteuerfestsetzung maßgebenden Frist (31. Mai des Folgsjahres) nachzuholen.

Unternehmensberater Pfiffig aus Fall 87 kauft mit dem Fahrzeug einen einheitlichen Gegenstand. Pfiffig kann den Gegenstand insgesamt seinem Unternehmen zuordnen und die gesamte Vorsteuer in Höhe von 22.800 € als Vorsteuer abziehen (die 20%ige Privatnutzung unterliegt als unentgeltliche Nutzungsentnahme der Umsatzsteuer). Als zweite Variante kann er das Fahrzeug aber auch insgesamt seinem nichtunternehmerischen/privaten Bereich zuordnen. Das wäre aber nicht ganz so „pfiffig", weil er damit die auf die Unternehmensnutzung entfallende Vorsteuer verlieren würde. Drittens hat er die Möglichkeit das Fahrzeug mit dem unternehmerisch genutzten Anteil von 80% dem Unternehmen zuordnen und insoweit den Vorsteuerabzug vornehmen.

Wird ein Grundstück sowohl für Zwecke des Unternehmens als auch für private Zwecke verwendet, so ist ein Vorsteuerabzug ausgeschlossen, soweit das Grundstück für private Zwecke verwendet wird (§ 15 Abs. 1b UStG). Der Vorsteuerabzug bei Grundstücken unterscheidet sich daher von anderen Gegenständen, die trotz privater Nutzung vollständig dem Unternehmen zugeordnet werden können (mit der Berechtigung zum Vorsteuerabzug und der Besteuerung der späteren privaten Nutzung). Hintergrund ist der hohe Umfang der Vorsteuerbeträge, der sonst von der Finanzverwaltung an die Unternehmer auszuzahlen wäre. Die Vorschrift gilt ab dem 1.1.2011 und beseitigt die bisherige Rechtsprechung (sog. Seeling-Rechtsprechung), die den Vorsteuerabzug zugunsten der Unternehmer zugelassen hatte.

Rechnung mit gesondertem Steuerausweis

Neben den materiellen Voraussetzungen hat der Unternehmer für einen Vorsteuerabzug auch formelle Voraussetzungen zu erfüllen.

Fall 88

Die Maschinenbau SHR GmbH aus Aschaffenburg konstruiert und fertigt für die Automobilindustrie Sondermaschinen. Sie kauft von der Rebotics GmbH aus Frankfurt eine Pressanlage in Höhe von 100.000 € zzgl. 19.000 € Umsatzsteuer. Die Rebotics GmbH schickt der SHR Maschinenbau GmbH eine Rechnung. Der Buchhalter der SHR Maschinenbau GmbH stellt bei der Prüfung der Rechnung fest, dass die Angaben über die Steuernummer und den Zeitpunkt der Leistung fehlen. Kann die SHR Maschinenbau GmbH trotzdem die Vorsteuer geltend machen? Die Rebotics GmbH hat die Umsatzsteuer ordnungsgemäß beim Finanzamt angemeldet und abgeführt.

Neben den materiellen Voraussetzungen für den Vorsteuerabzug setzt dieser formell voraus, dass der Unternehmer eine nach den §§ 14, 14a UStG ausgestellte Rechnung besitzt. Dazu siehe Übersicht 18, hier kurz:

Übersicht 21: Pflichtangaben einer Rechnung (kurz)

In einer Rechnung müssen nach §§ 14, 14a UStG folgende Angaben enthalten sein:
1. der vollständige Name und die vollständige Anschrift des **leistenden** Unternehmers
2. der vollständige Name und die vollständige Anschrift des **Leistungsempfängers**
3. die **Steuernummer** oder Umsatzsteuer-Identifikationsnummer des leistenden Unternehmers
4. das **Ausstellungsdatum** der Rechnung

5. die **Rechnungsnummer**
6. die **Menge** und die **Art** (handelsübliche Bezeichnung) der gelieferten Gegenstände oder den Umfang und die Art der sonstigen Leistung
7. der **Zeitpunkt** der Lieferung oder sonstigen Leistung
8. das nach Steuersätzen und einzelnen Steuerbefreiungen aufgeschlüsselte **Entgelt**
9. den anzuwendenden Steuersatz sowie den auf das Entgelt entfallenden **Steuerbetrag**

Obwohl im Fall 88 der leistende Unternehmer die Umsatzsteuer an das Finanzamt abgeführt hat, kann die SHR Maschinenbau GmbH die Vorsteuer nicht abziehen. Die Rechnung enthält nicht alle nach den Vorschriften der §§ 14, 14a UStG erforderlichen Angaben. Nach dem Sachverhalt fehlen in der Rechnung die Angaben zur Steuernummer (Nr. 3) und zum Leistungszeitpunkt (Nr. 7), so dass ein Vorsteuerabzug nicht möglich ist. In der Praxis wird der Buchhalter eine korrigierte Rechnung anfordern.

Eingangsrechnungen sollten daher in der Praxis nur dann zur Zahlung freigegeben werden, wenn die materielle Umsatzsteuerpflicht einer Leistung und auch die Rechnung im Hinblick auf die formell erforderlichen Angaben geprüft sind.

Bei der Prüfung der Vollständigkeit und Richtigkeit ist der Grundsatz der Verhältnismäßigkeit zu wahren. So kann die Steuernummer regelmäßig vom Leistungsempfänger nicht geprüft werden. Ungenauigkeiten oder Schreibfehler führen nicht zur Versagung des Vorsteuerabzuges, wenn diese nicht sinnentstellend sind (Abschnitt 15.2a Abs. 6 UStAE).

In der Praxis sollte man sich aber nicht in die Gefahr begeben, den Vorsteuerabzug zu verlieren und ein hohes Maß an Sorgfalt und Genauigkeit anlegen.

Zeitpunkt für den Vorsteuerabzug

Fall 89

Die SHR Maschinenbau GmbH aus Aschaffenburg bezieht von der Rebotics GmbH aus Frankfurt eine Pressanlage in Höhe von 100.000 € zzgl. 19.000 € Umsatzsteuer. Die Bestellung der Pressanlage erfolgt im Januar. Die Lieferung erfolgt am 31. Mai. Die Rechnung geht am 10. Juni ein und wird am 3. Juli von der SHR Maschinenbau GmbH bezahlt. In welchem Monat ist die Vorsteuer für die SHR Maschinenbau GmbH abzugsfähig? Die sonstigen Voraussetzungen für den Vorsteuerabzug sind erfüllt.

Die Vorsteuer ist in dem Zeitpunkt abziehbar, wenn die Leistung (Lieferung oder sonstige Leistung) ausgeführt ist und wenn die Rechnung mit den erforderlichen Angaben vorliegt.

Leitsatz 35

Rechnung für den Vorsteuerabzug

Der Vorsteuerabzug setzt den Besitz einer **ordnungsgemäßen Rechnung** voraus. Ohne Rechnung ist ein Vorsteuerabzug nicht möglich. Eine Rechnung ist für den Unternehmer daher bares Geld wert!

Für die SHR Maschinenbau GmbH ist im Fall 89 die Vorsteuer abzugsfähig, wenn die Lieferung ausgeführt ist und die Rechnung vorliegt. Die Lieferung wurde im Mai ausgeführt. Ein Vorsteuerabzug im Mai ist aber mangels der Rechnung noch nicht möglich. Mit Erhalt der Rechnung im Juni sind die Voraussetzungen für den Vorsteuerabzug erfüllt. Die Zahlung im Juli ist hierbei ohne Bedeutung.

Vor Ausführung der Leistung ist die Vorsteuer abziehbar, wenn die Rechnung vorliegt und die Zahlung geleistet wurde. Hierzu die Übersicht 22.

Fall 90

Die SHR Maschinenbau GmbH aus Aschaffenburg bezieht von der Rebotics GmbH aus Frankfurt eine Pressanlage in Höhe von 100.000 € zzgl. 19.000 € Umsatzsteuer. Die Bestellung der Pressanlage erfolgt im

Januar. Entsprechend dem Auftrag berechnet die Rebotics GmbH nach Fertigstellung der Konstruktionsarbeiten im Februar 40.000 € (40 % des Auftragswertes) zzgl. 7.600 € Umsatzsteuer. Die SHR Maschinenbau GmbH bezahlt am 2. März die Rechnung über brutto 47.600 €. Die Lieferung erfolgt am 31. Mai. Die Rechnung wird am 30. Juni erstellt und geht am 3. Juli bei der SHR Maschinenbau GmbH ein. Die Zahlung der Schlussrechnung über 60.000 € zzgl. 11.400 € Umsatzsteuer erfolgt im August. In welchem Monat kann die SHR Maschinenbau GmbH die Vorsteuer abziehen? Die sonstigen Voraussetzungen für den Vorsteuerabzug sind erfüllt.

Die SHR Maschinenbau GmbH kann die Vorsteuer für die Abschlagsrechnung in Höhe von 7.600 € im März geltend machen. Vor Ausführung der Leistung ist die Vorsteuer abziehbar, wenn die Rechnung vorliegt und die Zahlung erfolgt ist; die Zahlung erfolgte am 2. März. Für die Schlussrechnung kann die SHR Maschinenbau GmbH die Vorsteuer abziehen, wenn die Leistung ausgeführt wurde und sie im Besitz der Rechnung ist. Die Leistung wurde im Mai ausgeführt. Ein Vorsteuerabzug im Mai ist aber mangels der Rechnung noch nicht möglich. Auch im Juni ist die Rechnung noch nicht abziehbar, da diese erst im Juli eingegangen ist. Das Rechnungsdatum vom 30.06. ist dabei ohne Bedeutung (auch wenn in der Praxis diese Rechnung häufig im Juni berücksichtigt werden würde).

Übersicht 22: Zeitpunkt für den Vorsteuerabzug

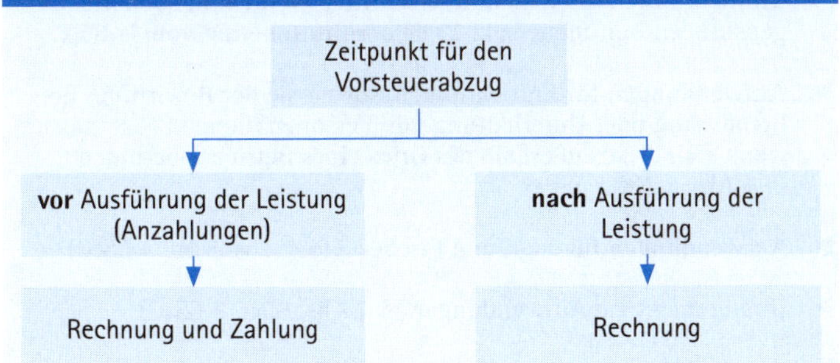

Lektion 16: Vorsteuerausschlüsse

Ausschluss bei Repräsentationsaufwendungen

Vorsteuerbeträge sind nicht abzugsfähig, soweit sie auf Aufwendungen entfallen, für die einkommensteuerrechtliche Abzugsverbote gelten.

Fall 91

Der Unternehmensberater Pfiffig schenkt einem guten Kunden zu dessen Geburtstag eine Eintrittskarte für das Fußballspitzenspiel FC Bayern München gegen Real Madrid. Pfiffig hat die Karte von der Bayern München AG für 300 € zzgl. 57 € Umsatzsteuer gekauft. Nachdem zu dem Kunden keinerlei private Beziehung besteht und ein solches Geschenk auch die geschäftliche Freundschaft erhöht, will Pfiffig die Aufwendungen als Betriebsausgaben absetzen und die Vorsteuer abziehen. Geht sein Plan auf?

Nach § 15 Abs. 1a UStG sind Vorsteuerbeträge, die auf die folgenden Aufwendungen, sog. Repräsentationsaufwendungen, entfallen, nicht abzugsfähig:

- Geschenke über 35 € netto (§ 4 Abs. 5 Nr. 1 EStG). Die Grenze von 35 € netto gilt für alle Geschenke innerhalb eines Wirtschaftsjahres pro Empfänger. Bei Blumen (Steuersatz 7 %) sollte demnach der Bruttobetrag 37,45 € nicht überschritten werden, bei anderen Gegenständen (mit Steuersatz 19 %) der Bruttobetrag von 41,65 €.
- Aufwendungen für Einrichtungen, soweit sie der Bewirtung, Beherbergung oder Unterhaltung von Personen dienen (Gästehäuser), wenn sich diese außerhalb des Ortes eines Betriebes befinden (§ 4 Abs. 5 Nr. 3 EStG)
- Aufwendungen für Jagd und Fischerei (§ 4 Abs. 5 Nr. 4 EStG)
- Unangemessene Aufwendungen (§ 4 Abs. 5 Nr. 7 EStG)
- Kosten der privaten Lebensführung (§ 12 Nr. 1 EStG).

Für die Abgrenzung und Beurteilung sind die einkommensteuerrechtlichen Grundsätze zu berücksichtigen.

Geschenke an Personen, die nicht Arbeitnehmer des Unternehmers sind, können nicht als Betriebsausgaben abgezogen werden, wenn die Anschaffungs- oder Herstellungskosten der dem Empfänger im Wirtschaftsjahr zugewendeten Gegenstände insgesamt 35 € übersteigen.

Positiv ausgedrückt können nur die Aufwendungen für Geschenke abgezogen werden, wenn die Anschaffungs- oder Herstellungskosten der dem Empfänger im Wirtschaftsjahr zugewendeten Gegenstände max. 35 € betragen.

Bezogen auf den Fall 91 kann Pfiffig die Aufwendungen – obwohl diese ausschließlich betrieblich veranlasst sind (und keinerlei private Mitveranlassung zu berücksichtigen ist) – nicht als Betriebsausgaben berücksichtigen, da sie mit 300 € die Grenze von 35 € übersteigen. Die einkommensteuerrechtliche Nichtabziehbarkeit der Aufwendungen führt über § 15 Abs. 1a UStG zum Ausschluss der Vorsteuer. Die in der Rechnung ausgewiesene Vorsteuer kann durch Pfiffig nicht abgezogen werden.

Leitsatz 36

Geschenke über 35 € netto

Aufwendungen für Geschenke **über** 35 € netto können bei der Einkommensteuer/Körperschaftsteuer **nicht** als Betriebsausgaben abgezogen werden. Auch ein **Vorsteuerabzug** beim Kauf des Geschenkes **scheidet aus.**

Ausschluss bei steuerfreien Umsätzen

Der allgemeine Grundsatz, dass die Vorsteuer abgezogen werden kann, gilt nicht, wenn der Unternehmer bestimmte steuerfreie oder bestimmte nicht steuerbare Umsätze ausführt.

Leitsatz 37

Neutralität der Umsatzsteuer

Die Umsatzsteuer ist **nur** erfolgsneutral, wenn ein **Vorsteuerabzug** besteht. Wird der Vorsteuerabzug ausgeschlossen, so wird die Umsatzsteuer für den Unternehmer (wie bei einer Privatperson) zum **Kostenfaktor**.

Fall 92

Herr Mügge vermittelt Versicherungen für die Allianz AG. Die Geschäfte laufen gut, so dass Mügge ein neues Fahrzeug erwirbt. Das Auto kostet 50.000 € zzgl. 9.500 € Umsatzsteuer. Für die Lieferung wird Umsatzsteuer geschuldet und alle formellen Voraussetzungen sind erfüllt. Ist für Herrn Mügge die Vorsteuer abzugsfähig?

Nach § 15 Abs. 2 UStG ist die Steuer für Leistungen ausgeschlossen, die der Unternehmer für folgende Umsätze verwendet:

- Steuerfreie Umsätze
- Umsätze im Ausland, die steuerfrei wären, wenn sie im Inland ausgeführt würden.

Vorsteuerbeträge für steuerfreie Umsätze sind grundsätzlich vom Abzug ausgeschlossen (§ 15 Abs. 2 UStG).

Herr Mügge aus Fall 92 ist als Versicherungsvertreter selbständiger Unternehmer. Er bezieht das Fahrzeug für sein Unternehmen. Nachdem die formellen Voraussetzungen erfüllt sind, ist der Vorsteuerbetrag abziehbar. Als Versicherungsvertreter erbringt Mügge jedoch Leistungen, die nach § 4 Nr. 11 UStG steuerfrei sind. Die Steuerbefreiung seiner Umsätze führt nach § 15 Abs. 2 UStG auch zum Ausschluss des Vorsteuerabzuges; die Vorsteuer für den Kauf des Fahrzeuges ist daher nicht abzugsfähig.

Der Ausschluss erstreckt sich jedoch nicht auf die Vorsteuerbeträge, die den in § 15 Abs. 3 Nr. 1 UStG aufgeführten Umsätzen zuzurechnen sind. Hierunter fallen insbesondere:

- die Ausfuhrlieferung (§ 4 Nr. 1a i.V.m. § 6 UStG)

- die innergemeinschaftliche Lieferung (§ 4 Nr. 1b i.V.m. § 6a UStG)
- die Lohnveredelung an Gegenständen der Ausfuhr (§ 4 Nr. 1 i.V.m. § 7 UStG)
- die Umsätze für die Seeschifffahrt und für die Luftfahrt (§ 4 Nr. 2 i.V.m. § 8 UStG)
- die sonstigen Leistungen im Zusammenhang mit der Einfuhr, Ausfuhr und Durchfuhr (§ 4 Nr. 3 und 5 UStG)
- die Goldlieferung an die Zentralbanken (§ 4 Nr. 4 UStG)
- bestimmte Umsätze an im Gebiet eines anderen Mitgliedstaates ansässige NATO-Streitkräfte.

Gesetzestechnisch versagt § 15 Abs. 2 UStG den Vorsteuerabzug für alle steuerfreien Umsätze. § 15 Abs. 3 UStG hebt den Ausschluss des Vorsteuerabzuges, die im Zusammenhang mit den oben genannten Leistungen stehen, wieder auf. Übrig bleiben die Umsätze, in deren Zusammenhang ein Vorsteuerabzug ausgeschlossen ist, sog. Ausschlussumsätze.

Übersicht 23: Vorsteuerabzug bei steuerfreien Umsätzen

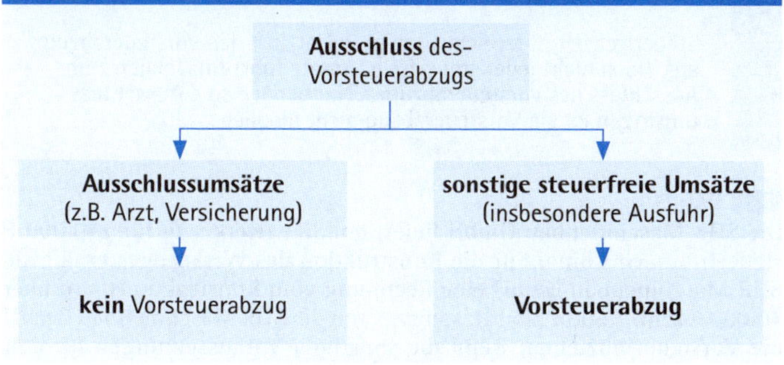

Steuerbefreiungen, die zum Ausschluss des Vorsteuerabzugs führen (Ausschlussumsätze) sind insbesondere die Befreiung:

- der Umsätze der Banken (§ 4 Nr. 8 UStG)
- der Umsätze, die unter das Grunderwerbesteuergesetz fallen (§ 4 Nr. 9 UStG)
- die Leistungen aufgrund eines Versicherungsverhältnisses im Sinne des Versicherungssteuergesetz (§ 4 Nr. 10a UStG)
- die Umsätze aus der Tätigkeit als Bausparkassenvertreter, Versicherungsvertreter und Versicherungsmakler (§ 4 Nr. 11 UStG)
- die unmittelbar dem Postwesen dienenden Umsätze der Deutschen Post (§ 4 Nr. 11b UStG)
- die Vermietung und Verpachtung von Grundstücken (§ 4 Nr. 12 UStG)
- die Umsätze als Arzt, Zahnarzt, Heilpraktiker (§ 4 Nr. 14 UStG)
- die Umsätze der Blinden (§ 4 Nr. 19a UStG).

Leitsatz 38

Vorsteuerabzug bei steuerfreien Umsätzen

Steuerfreie Umsätze schließen grundsätzlich den Vorsteuerabzug aus. Doch nicht jeder steuerfreie Umsatz führt tatsächlich zum Ausschluss des Vorsteuerabzuges. Nur bei den sog. **Ausschlussumsätzen** ist ein Vorsteuerabzug nicht möglich.

Fall 93

Die SHR Maschinenbau GmbH liefert ein Stanzwerkzeug für 250.000 € steuerfrei nach China. Für die Konstruktion des Werkzeuges erhält die SHR Maschinenbau GmbH eine Rechnung vom Konstruktionsbüro über 40.000 € zzgl. 7.600 € Umsatzsteuer. Kann die SHR Maschinenbau GmbH die Vorsteuer abziehen, wenn die sonstigen Voraussetzungen für den Vorsteuerabzug erfüllt sind?

Ein in der Prüfung und Praxis häufiger Fall! Die Lieferung des Werkzeuges ist nach § 4 Nr. 1a i.V.m. § 6 UStG als Ausfuhrlieferung steuerfrei. Nach

§ 15 Abs. 2 UStG ist der Vorsteuerabzug ausgeschlossen. Der Ausschluss des Vorsteuerabzuges tritt nach § 15 Abs. 3 UStG jedoch nicht ein, da die Steuerbefreiung für Ausfuhrlieferungen von dem Ausschluss wieder ausgenommen ist. Der Vorsteuerabzug bleibt daher bei Ausfuhrlieferungen systemgerecht erhalten. Für die SHR Maschinenbau GmbH ist die Vorsteuer aus der Konstruktionsrechnung abzugsfähig.

Lektion 17: Berichtigung des Vorsteuerabzugs

Nach § 15 UStG entsteht das Recht auf Vorsteuerabzug bereits im Zeitpunkt des Leistungsbezuges. Doch was passiert, wenn die tatsächliche Verwendung von der beabsichtigten Verwendung abweicht?

Fall 94

Herr Mügge vermittelte Versicherungen für die Allianz AG. Anfang Januar des letzten Jahres hat er ein neues Auto für 50.000 € zzgl. 9.500 € Umsatzsteuer gekauft. Nachdem er als Versicherungsvermittler steuerfreie Umsätze nach § 4 Nr. 11 UStG erzielte, die den Vorsteuerabzug nach § 15 Abs. 2 und 3 UStG ausschließen, war die Vorsteuer in Höhe von 9.500 € nicht abzugsfähig. Seit Januar diesen Jahres ist Herr Mügge nicht mehr als Versicherungsvertreter, sondern als Grundstücksmakler tätig. Ist die Vorsteuer nachträglich für Herrn Mügge abzugsfähig?

Das Recht auf Vorsteuerabzug entsteht dem Grund und der Höhe nach bereits im Zeitpunkt des Leistungsbezuges. Für die Prüfung des Ausschlusses des Vorsteuerabzuges kommt es entscheidend darauf an, ob der Unternehmer im Zeitpunkt des Leistungsbezuges die Absicht hat, die bezogene Leistung (Lieferung oder sonstige Leistung) für Ausgangsumsätze zu verwenden, die den Vorsteuerabzug ausschließen.

Die Verwendungsabsicht muss vom Unternehmer objektiv belegt und in gutem Glauben erklärt werden. Bloße Behauptungen des Unternehmers reichen der Finanzverwaltung - wie man sich vorstellen kann - nicht aus, sonst würde jeder die Absicht vortragen, den Gegenstand für steuerpflichtige Umsätze verwenden zu wollen.

Ändert sich bei einem Wirtschaftsgut die Verwendung innerhalb von fünf Jahren ab dem Zeitpunkt der erstmaligen Verwendung, ist für jedes Kalenderjahr der Änderung, ein Ausgleich durch eine Berichtigung des Vorsteuerabzuges vorzunehmen. Dies gilt allerdings nur für Wirtschaftsgüter, die nicht nur einmalig zur Ausführung von Umsätzen verwendet werden.

Leitsatz 39

Vorsteuerberichtigung

Ändern sich bei der Verwendung von Gegenständen die Verhältnisse zum Zeitpunkt des Leistungsbezugs, so ist die Notwendigkeit einer Vorsteuerberichtigung zu prüfen. Die **Berichtigung** kann zugunsten des Unternehmers als auch zuungunsten erfolgen.

Der Berichtigungszeitraum beträgt bei beweglichen Wirtschaftsgütern fünf Jahre, bei Grundstücken gilt ein Zeitraum von zehn Jahren.

Übersicht 24: Berichtigungszeitraum

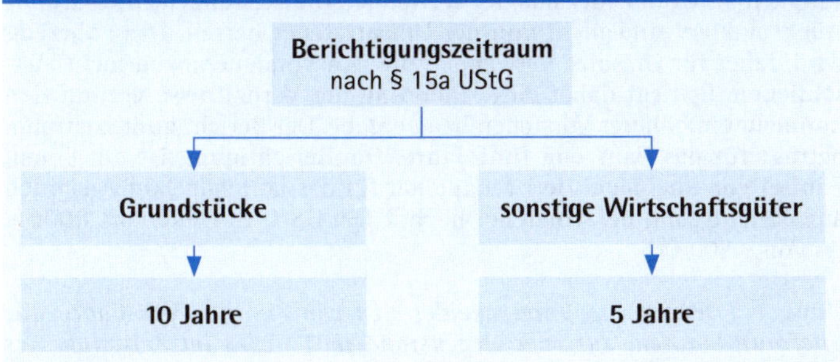

Endet der Berichtigungszeitraum vor dem 16. eines Kalendermonats, so bleibt dieser Kalendermonat für die Berichtigung unberücksichtigt. Endet er nach dem 15. eines Kalendermonats, so ist dieser Kalendermonat voll zu berücksichtigen (§ 45 UStDV).

Bei der Berichtigung ist für jedes Kalenderjahr der Änderung bei beweglichen Wirtschaftsgütern von einem Fünftel, bei Grundstücken von einem Zehntel der Vorsteuerbeträge auszugehen.

Hat das Wirtschaftsgut eine kürzere Verwendungsdauer, so gilt Entsprechendes. Ob von einer kürzeren Verwendungsdauer auszugehen ist, beurteilt sich nach der betriebsgewöhnlichen Nutzungsdauer, die nach einkommensteuerrechtlichen Grundsätzen für das Wirtschaftsgut anzusetzen ist. Bei Computern und Druckern wird z.B. von einer Nutzungs- bzw. Verwendungsdauer von drei Jahren ausgegangen. Die Berichtigung würde in diesem Fall mit einem Drittel vorgenommen werden.

Eine Änderung der Verhältnisse liegt vor, wenn sich im Berichtigungszeitraum ein höherer oder niedrigerer Vorsteuerabzug ergäbe, als er ursprünglich zulässig war. Hierbei sind die Verhältnisse in den einzelnen Kalenderjahren für sich zu beurteilen.

Für Herrn Mügge aus Fall 94 hat das folgende Auswirkungen: Er war im Vorjahr als Versicherungsvertreter mit Ausschlussumsätzen tätig. Die Vorsteuer aus dem Kauf des Fahrzeugs war deshalb nach § 15 Abs.2 UStG nicht abzugsfähig. Im laufenden Jahr wird das Fahrzeug für seine Tätigkeit als Grundstücksmakler verwendet. Die Leistungen eines Grundstücksmaklers sind nicht von der Umsatzsteuer befreit. Das Fahrzeug wird daher für Umsätze verwendet, die den Vorsteuerabzug nicht ausschließen. Es liegt daher eine Änderung der Verhältnisse vor, da sich nunmehr ein höherer Vorsteuerabzug ergäbe. Der Berichtigungszeitraum beträgt für das Fahrzeug fünf Jahre. Die Berichtigung ist mit einem Fünftel vorzunehmen. Herr Mügge hat für das laufende Jahr Anspruch auf Berichtigung der Vorsteuer nach § 15a UStG in Höhe von 1.900 € (1/5 von 9.500 €).

Hinweis: *Der Fall 94 unterscheidet sich von Fall 85 (VW-Cabrio für Ehefrau) dadurch, dass der Gegenstand im Fall 94 im Zeitpunkt des Leistungsbezugs für das Unternehmen bezogen wurde; Veränderungen in der Verwendung sind über die Vorsteuerberichtigung nach § 15a UStG zu berücksichtigten. Im Fall 85 wurde der Gegenstand im Zeitpunkt des Leistungsbezugs nicht für das Unternehmen bezogen; wird dieser Gegenstand später für das Unternehmen verwendet, dann liegt kein Fall der Vorsteuerberichtigung nach § 15a vor.*

Im Fall 94 wurde das Wirtschaftsgut im Erstjahr ausschließlich für steuerfreie Umsätze, im Zweitjahr ausschließlich für steuerpflichtige Umsätze verwendet. Für die Berechnung der Vorsteuerberichtigung kann folgende allgemeine Formel aus Leitsatz 40 verwendet werden:

Leitsatz 40

Formel zur Berechnung des Berichtigungsbetrages nach § 15a UStG

$$\frac{\text{Vorsteuer nach § 15 Abs. 1 UStG} \times \text{Berichtigungsmonate des Jahres} \times (\text{\% Erstjahr} - \text{\% Folgejahr})}{\text{Monate des Berichtigungszeitraums}}$$

Hinweis: *Die Prozentwerte berücksichtigen die steuerpflichtige Verwendung in den entsprechenden Jahren. Negative Endbeträge bedeuten eine Berichtigung zugunsten des Unternehmers, positive Endbeträge zuungunsten des Unternehmers.*

Im Fall 94 lautet die Formel wie folgt:

$$\frac{9.500 \times 12 \times (0\% - 100\%)}{60} = 1.900\ €$$

Abwandlung 1: Wäre das Fahrzeug im Erstjahr zu 20 % und im Zweitjahr zu 100 % für steuerpflichtige Umsätze verwendet worden, ergäben sich folgende Formel und Ergebnis:

$$\frac{9.500 \times 12 \times (20\% - 100\%)}{60} = 1.520\ €$$

Der Unternehmer erhält vom Finanzamt eine Vorsteuerberichtigung in Höhe von 1.520 €.

Abwandlung 2: Wäre das Fahrzeug im Erstjahr zu 70 % und im Zweitjahr zu 50 % für steuerpflichtige Umsätze verwendet worden, ergäben sich folgende Formel und Ergebnis:

$$\frac{9.500 \times 12 \times (70\% - 100\%)}{60} = 950\ €$$

Der Unternehmer muss an das Finanzamt eine Vorsteuerberichtigung in Höhe von 950 € zahlen, da er das Fahrzeug im Zweitjahr zu einem höheren Anteil für steuerfreie Ausschlussumsätze verwendet als im Erstjahr.

Eine Berichtigung der Vorsteuer ist auch vorzunehmen, wenn ein Wirtschaftsgut nur einmalig zur Ausführung von Umsätzen verwendet wird (§ 15a Abs. 2 UStG), ein Wirtschaftsgut in ein anderes Wirtschaftsgut eingeht (§ 15a Abs. 3 UStG), sonstige Leistungen bezogen werden (§ 15a Abs. 4 UStG), nachträgliche Anschaffungs- oder Herstellungskosten entstehen (§ 15a Abs. 6 UStG) oder der Unternehmer von der allgemeinen Besteuerung zur Nichterhebung der Steuer nach § 19 Abs. 1 UStG (Kleinunternehmerregelung) und umgekehrt übergeht (§ 15a Abs. 7 UStG).

Keine Berichtigung der Vorsteuer ist vorzunehmen, wenn Wirtschaftsgüter von einem Nichtunternehmer erworben werden oder die Wirtschaftsgüter vom Unternehmer dem nichtunternehmerischen Bereich zugeordnet wurden, auch wenn diese Wirtschaftsgüter später für unternehmerische Zwecke verwendet werden (Abschnitt 15a.1. Abs. 6 Nr. 1 UStAE). Diese Vorsteuerbeträge sind für immer verloren; so im Fall 85 geschehen.

§ 44 UStDV enthält Vereinfachungsregelungen, nach denen auf eine Berichtigung verzichtet wird oder die Berichtigungen innerhalb des gesamten Berichtigungszeitraums zusammengefasst werden. Die Vereinfachungsregelungen stellen die Prüflinge und auch die Praxis vor hohe Anforderungen. Von einer echten Vereinfachung kann nicht gesprochen werden.

Leitsatz 41

!

Vereinfachungsregelungen nach 44 UStDV

In **Klausuren** ist es regelmäßig der Fall, dass eine Vorsteuerberichtigung wegen einer Vereinfachungsregelung **nicht** oder **erst zusammengefasst** zu einem späteren Zeitpunkt vorzunehmen ist. Bei der Vorsteuerberichtigung nach § 15a UStG ist daher immer § 44 UStDV zu prüfen und zu zitieren.

V. Exportgeschäfte

Lektion 18: Drittlandslieferungen

Die Umsatzsteuer soll als Verbrauchsteuer den Endverbrauch von Waren und Dienstleistungen belasten. Die Umsatzsteuer soll dabei dem Staat zufließen, in dem die Waren oder Dienstleistungen verbraucht werden. Werden Gegenstände in das Ausland verbracht und dort verbraucht, so sollen die Umsatzsteuervorschriften des Auslandes maßgebend sein und auch dem dortigen Staat zufließen.

Das deutsche Umsatzsteuergesetz enthält dementsprechend Regelungen, die die Lieferung von Gegenständen in das Ausland oder das übrige Gemeinschaftsgebiet von der Umsatzsteuer befreien.

Die Idee und die entsprechenden Regelungen müssen vor Missbrauch geschützt werden, da es nicht zum unversteuerten Verbrauch kommen soll. Daher kann die Steuerbefreiung auch nur unter formell hohen Anforderungen gewährt werden.

Übersicht 25: Steuerbefreiung für Exportgeschäfte

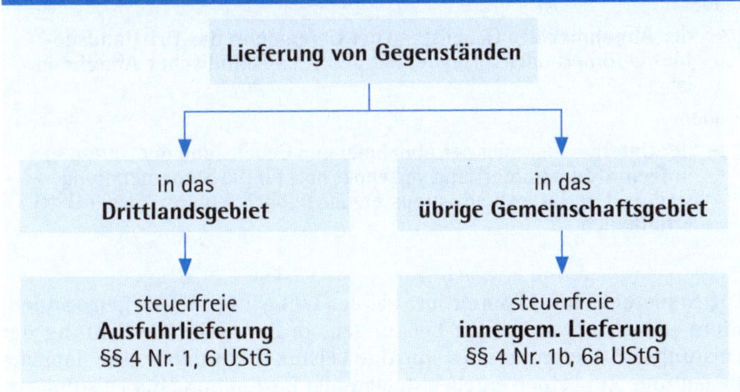

Bei den Steuerbefreiungen für den Export ist zu unterscheiden zwischen Lieferungen in das Drittlandsgebiet und Lieferungen in das übrige Gemeinschaftsgebiet.

Fall 95

Die SHR Maschinenbau GmbH hat für einen asiatischen Automobilhersteller eine Wuchtmaschine gefertigt. Nach einem einwandfreien Probebetrieb in den Werkshallen der SHR Maschinenbau GmbH wird die Wuchtmaschine per Luftfracht von Frankfurt nach Japan versandt. Die SHR Maschinenbau berechnet ihrem Kunden 250.000 €. Ist die Lieferung der Maschine steuerfrei?

Nach § 4 Nr. 1 UStG sind Ausfuhrlieferungen nach § 6 UStG von der deutschen Umsatzsteuer befreit. Hierzu eine Übersicht:

Übersicht 26: Voraussetzungen der Ausfuhrlieferungen

Eine Ausfuhrlieferung liegt nach § 6 UStG vor,
wenn bei einer **Lieferung**:

- der **leistende Unternehmer** den Gegenstand der Lieferung **in das Drittlandsgebiet** befördert oder versendet hat

oder

- der **Abnehmer** den Gegenstand der Lieferung **in das Drittlandsgebiet** befördert oder versendet hat und ein **ausländischer Abnehmer** ist

oder

- der Unternehmer oder der Abnehmer den Gegenstand der Lieferung in **Freihäfen** befördert und versendet hat; für die Steuerbefreiung sind weitere Tatbestandsvoraussetzungen nach § 6 Abs. 1 Nr. 3 UStG erforderlich.

Die Steuerbefreiung kommt nur bei der Lieferung von Gegenständen, nicht jedoch bei sonstigen Leistungen, in Betracht. Die Prüfung der Leistungsart (Lieferung oder sonstige Leistung) hat daher eine doppelte Bedeutung. Zum einen ergeben sich aus der Bestimmung der Leistungsart die Vorschriften für die Ortbestimmung, zum anderen ergibt sich aus der Leistungsart, ob die Steuerbefreiung für Ausfuhrlieferungen überhaupt in Betracht kommen kann.

Der Unternehmer oder der Abnehmer muss den Gegenstand in das Drittlandsgebiet befördern (mit eigenen Fahrzeugen) oder versenden (durch einen selbständigen Dritten, z.B. Spediteur). Die steuerfreie Ausfuhrlieferung setzt zwingend eine Warenbewegung in das Drittlandsgebiet voraus.

Die Übersicht 27 zeigt die erforderliche Warenbewegung in das Drittlandsgebiet. Die Ware muss sich am Ende der Beförderung oder Versendung im Drittlandsgebiet befinden.

Übersicht 27: Warenbewegung bei Ausfuhrlieferungen

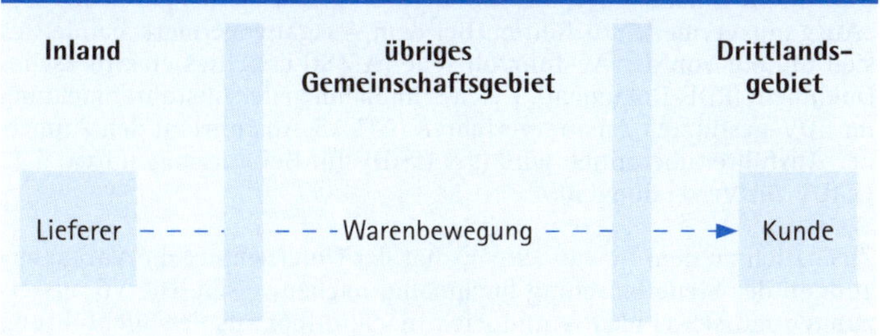

Im Fall 95 hat die SHR Maschinenbau GmbH als leistender Unternehmer den Gegenstand der Lieferung, die Wuchtmaschine, in das Drittlandsgebiet versendet. Der Ort der Lieferung befindet sich bei einer Versendungslieferung an dem Ort, an dem der Gegenstand an den selbständigen Beauftragten übergeben wird. Danach befindet sich der Ort der Lieferung in Frankfurt und ist steuerbar. Die Lieferung der Wuchtmaschine ist jedoch steuerfrei, wenn die SHR Maschinenbau GmbH nachweisen kann, dass sie den Gegenstand in das Drittland versendet hat.

Der Nachweis der Beförderung oder Versendung ist deshalb erforderlich, da andernfalls auch inländische Lieferungen nur scheinbar ins Ausland erfolgen und damit die Umsatzsteuerbelastung für den Gegenstand umgangen werden könnte.

Der Unternehmer muss durch Belege nachweisen, dass er oder der Abnehmer den Gegenstand der Lieferung in das Drittlandsgebiet befördert oder versendet hat (Ausfuhrnachweis, § 8 UStDV). Die Voraussetzung muss sich aus den Belegen eindeutig und leicht nachprüfbar ergeben.

Leitsatz 42

Steuerfreie Ausfuhrlieferung

Ohne eine physische Warenbewegung der Ware in das Drittland und die entsprechenden Nachweise darüber ist eine Steuerbefreiung **nicht** möglich.

Der Unternehmer hat den Ausfuhrnachweis grundsätzlich durch den sog. „Ausgangsvermerk" zu führen. Bei dem Ausgangsvermerk handelt es sich um ein von der Ausfuhrzollstelle (AfZSt) erstelltes elektronisches Dokument (PDF-Dokument), welches im Rahmen der Ausfuhranmeldung im EDV-gestützten Ausfuhrverfahren (ATLAS-Ausfuhr) an den Anmelder/Ausführer übermittelt wird (§ 9 UStDV für Beförderungen bzw. § 10 UStDV für Versendungen).

Zusätzlich zu dem Belegnachweis hat der Unternehmer die Voraussetzungen der Steuerbefreiung buchmäßig nachzuweisen. Die Voraussetzungen müssen eindeutig und leicht nachprüfbar aus der Buchführung zu ersehen sein (Buchnachweis, § 13 UStDV).

Der Unternehmer muss den Buchnachweis der steuerfreien Ausfuhrlieferung (§ 6 Abs. 4 UStG i.V.m. § 13 UStDV) bis zu dem Zeitpunkt führen, zu dem er die Umsatzsteuer-Voranmeldung für die Ausfuhrlieferung abzugeben hat. Fehlende oder fehlerhafte Aufzeichnungen eines rechtzeitig erbrachten Buchnachweises können bis zum Schluss der letzten mündlichen Verhandlung vor dem FG nach den für Rechnungsberichtigungen geltenden Grundsätzen ergänzt oder berichtigt werden.

Fall 96

Die SHR Maschinenbau GmbH hat für Herrn Glück, der seinen Wohnort in der Schweiz hat, ein Geländer erstellt. Herr Glück lässt das Geländer durch ein Frankfurter Transportunternehmen von Aschaffenburg nach Bern transportieren.

Der Gegenstand der Lieferung (Geländer) wurde durch den Abnehmer in das Drittlandsgebiet versendet. Die Lieferung ist unter den weiteren

Voraussetzungen des Beleg- und Buchnachweises steuerfrei, wenn der Abnehmer, Herr Glück, ein ausländischer Abnehmer ist.

Ausländischer Abnehmer ist ein Abnehmer, der seinen Wohnort (bei natürlichen Personen) oder seinen Sitz (bei juristischen Personen oder Zweigniederlassungen) im Ausland hat. Auch eine ausländische Zweigniederlassung eines im Inland ansässigen Unternehmens kann ein ausländischer Abnehmer sein, wenn sie das Umsatzgeschäft im eigenen Namen abgeschlossen hat. Eine inländische Zweigniederlassung eines ausländischen Unternehmens ist hingegen kein ausländischer Abnehmer (§ 6 Abs. 2 UStG).

Der Begriff des Wohnortes ist nicht mit den in §§ 8 und 9 AO verwendeten Begriffen des Wohnsitzes und des gewöhnlichen Aufenthalts inhaltsgleich. Eine Wohnsitzbegründung im Inland und im Ausland ist gleichzeitig möglich. Ein Abnehmer kann hingegen nur einen Wohnort haben. Die zeitliche Dauer des Aufenthaltes ist dafür ein wichtiges Indiz.

Herr Glück aus Fall 96 hat seinen Wohnort in der Schweiz und ist damit ausländischer Abnehmer. Nachdem der Gegenstand in das Drittlandsgebiet versendet wurde ist die Lieferung unter der Voraussetzung des Beleg- und Buchnachweises als Ausfuhrlieferung steuerfrei.

Der deutsche Fiskus hat aus dem Geländer keine Umsatzsteuereinnahme. Zu einem unversteuerten Endverbrauch kommt es nicht, weil Herr Glück bei der Einfuhr in die Schweiz Einfuhrumsatzsteuer an den Schweizer Fiskus bezahlen muss. Damit erhält die Schweiz als das Land, in dem der Gegenstand verbraucht wurde, die Umsatzsteuer hierfür.

Lektion 19: Innergemeinschaftliche Lieferungen

Fall 97

Die SHR Maschinenbau GmbH hat sich zum Marktführer bei Wuchtmaschinen entwickelt. Auch ein französischer Automobilhersteller hat eine Wuchtmaschine für 280.000 € in Auftrag gegeben. Nach einem einwandfreien Probebetrieb in den Werkshallen der SHR Maschinenbau GmbH wird die Wuchtmaschine von der SHR Maschinenbau GmbH mit einem eigenen Lastkraftwagen nach Frankreich geliefert. Die SHR Maschinenbau berechnet ihrem Kunden auftragsgemäß 280.000 €. Ist die Lieferung der Maschine steuerfrei? Alle erforderlichen Angaben gelten als erteilt.

Nachdem die Maschine nicht in das Drittlandsgebiet, sondern in das übrige Gemeinschaftsgebiet befördert wurde, scheidet eine Steuerbefreiung für Auslandslieferungen aus.

Die Lieferung erfolgte im Wirtschaftsgebiet des Binnenmarktes. Es gilt das Bestimmungslandprinzip, d.h. die Umsatzsteuer soll für den Staat erhoben werden, in dem der Gegenstand verbraucht wird. Die SHR Maschinenbau GmbH müsste sich dafür in Frankreich registrieren lassen und die Rechnung mit französischer Umsatzsteuer erstellen, was in der Praxis viel zu umständlich wäre.

Innerhalb des Binnenmarktes hat der Leistungsempfänger – wenn er Unternehmer ist – die Umsatzsteuer für die Lieferung anzumelden (Erwerbsumsatzsteuer), die Lieferung wird beim leistenden Unternehmer befreit. Das Bestimmungslandprinzip wird innerhalb des Binnenmarktes also durch 1. die Erwerbsbesteuerung beim Leistungsempfänger und 2. dazu korrespondierend der Steuerbefreiung beim Leistenden verwirklicht.

Eine innergemeinschaftliche Lieferung nach § 4 Nr. 1b i.V.m. § 6a UStG liegt vor, wenn bei einer Lieferung eines Gegenstandes bestimmte Voraussetzungen erfüllt sind. So muss eine Beförderung oder Versendung vorliegen, der Abnehmer muss ein Unternehmer sein und eine Umsatzbesteuerung muss im anderen Mitgliedsstaat Vorschrift sein. Dies konkret als Übersicht:

Übersicht 28: Innergemeinschaftliche Lieferung

Voraussetzungen der innergemeinschaftlichen Lieferung nach § 4 Nr. 1b i.V.m. § 6a UStG

a) **Beförderung**
Der Unternehmer oder der Abnehmer hat den Gegenstand der Lieferung in das **übrige Gemeinschaftsgebiet befördert** oder versendet

b) **Abnehmer**
Der **Abnehmer ist ein Unternehmer**, der den Gegenstand der Lieferung **für sein Unternehmen** erworben hat

c) **Umsatzbesteuerung**
Der **Erwerb** des Gegenstandes der Lieferung unterliegt beim Abnehmer in einem anderen Mitgliedstaat den Vorschriften der **Umsatzbesteuerung**

Die Steuerbefreiung ist ebenso wie die Steuerbefreiung für Ausfuhrlieferungen nur bei Lieferungen, nicht aber auch bei sonstigen Leistungen anzuwenden. Eine sonstige Leistung kann nicht befördert oder versendet werden.

Der Unternehmer oder der Abnehmer muss den Gegenstand in das übrige Gemeinschaftsgebiet befördern (mit eigenen Fahrzeugen) oder versenden (durch einen selbständigen Dritten, z.B. Spediteur). Die innergemeinschaftliche steuerfreie Lieferung setzt zwingend eine Warenbewegung von einem Mitgliedstaat in einen anderen Mitgliedstaat voraus.

Leitsatz 43

Steuerfreie innergemeinschaftliche Lieferung

Ohne eine physische Warenbewegung der Ware in das übrige Gemeinschaftsgebiet und entsprechende Nachweise darüber ist eine Steuerbefreiung **nicht** möglich.

Die Übersicht 29 zeigt die erforderliche Warenbewegung in das übrige Gemeinschaftsgebiet.

Übersicht 29: Warenbewegung bei innergem. Lieferungen

Die Warenbewegung bei innergemeinschaftlichen Lieferungen

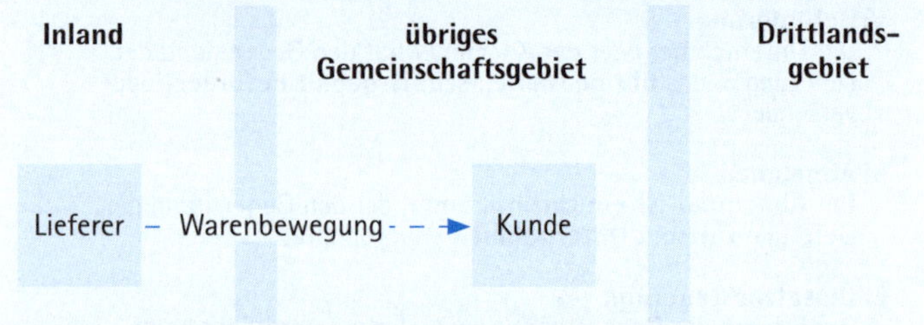

Die steuerfreie innergemeinschaftliche Lieferung setzt eine **Warenbewegung in das übrige Gemeinschaftsgebiet** voraus

Die Voraussetzungen für die Steuerbefreiungen sind vom leistenden Unternehmer nachzuweisen. Schwierig dabei ist für den leistenden Unternehmer zu beurteilen, ob

- der Leistungsempfänger Unternehmer ist und
- der abnehmende Unternehmer den Gegenstand für sein Unternehmen verwendet.

Beide Tatbestandvoraussetzungen werden durch die Umsatzsteueridentifikationsnummer nachgewiesen. Nur einem Unternehmer wird eine Umsatzsteueridentifikationsnummer zugewiesen. Die Finanzverwaltung geht auch davon aus, dass der Leistungsempfänger den Gegenstand für sein Unternehmen verwendet, wenn er seine Umsatzsteueridentifikationsnummer mitteilt.

Der leistungsempfangende Unternehmer unterliegt grundsätzlich der Erwerbsbesteuerung im übrigen Gemeinschaftsgebiet (Nr. 3), wenn er den Gegenstand für sein Unternehmen erworben hat. Davon ist regelmäßig auszugehen, wenn der Erwerber dem leistenden Unternehmer seine Umsatzsteueridentifikationsnummer mitteilt.

Im Fall 97 hat die SHR Maschinenbau GmbH die Wuchtmaschine von Deutschland nach Frankreich befördert. Der Gegenstand der Lieferung (Wuchtmaschine) gelangte dabei von einem Mitgliedstaat in einen anderen Mitgliedstaat (= erforderliche Warenbewegung). Nachdem der französische Automobilhersteller der SHR Maschinenbau GmbH seine Umsatzsteueridentifikationsnummer mitgeteilt hat (alle Angaben gelten als erteilt) ist nachgewiesen, dass der Leistungsempfänger ein Unternehmer ist. Auch dass der Gegenstand für das Unternehmen bezogen wurde, dürfte in diesem Fall außer Frage stehen. Damit unterliegt der französische Automobilhersteller auch der Erwerbsbesteuerung in Frankreich. Der Ort der Lieferung befindet sich durch den Beginn der Beförderung in Deutschland, die Lieferung nach Frankreich ist eine steuerbare, aber nach § 4 Nr. 1b UStG steuerbefreite innergemeinschaftliche Lieferung.

Der Nachweis der Voraussetzungen für die Steuerbefreiung ist erforderlich, da andernfalls auch inländische Lieferungen nur scheinbar ins übrige Gemeinschaftsgebiet erfolgen und damit die Umsatzsteuerbelastung für den Gegenstand umgangen werden könnte.

Der Unternehmer hat durch Belege nachzuweisen, dass er oder der Abnehmer den Gegenstand der Lieferung in das übrige Gemeinschaftsgebiet befördert oder versendet hat (Belegnachweis). Dies muss sich aus den Belegen eindeutig und leicht nachprüfbar ergeben. Der Unternehmer hat den Nachweis wie folgt zu führen:

1. durch das Doppel der Rechnung (§§ 14, 14a UStG). Die Rechnung muss für den Belegnachweis zwingend auf die Steuerfreiheit hinweisen (§ 14 Abs. 4 Nr. 8 UStG); fehlt der Hinweis, kann der Belegnachweis nicht geführt werden (Abschnitt 6a.3 Abs. 1 UStAE).

2. durch eine Bestätigung des Abnehmers oder des Spediteurs, dass der Gegenstand der Lieferung in das übrige Gemeinschaftsgebiet gelangt ist (Gelangensbestätigung).

Zu den Pflichtangaben darin nun eine Übersicht:

Übersicht 30: Gelangensbestätigung

Eine Gelangensbestätigung muss folgende **Angaben** enthalten:

- den **Namen** und die **Anschrift** des Abnehmers
- die **Menge** des Gegenstands der Lieferung und die handelsübliche **Bezeichnung**
- - bei der Beförderung durch den Unternehmer oder bei Versand den **Ort und Tag des Erhalts** des Gegenstands im übrigen Gemeinschaftsgebiet und
  - im Fall der Beförderung des Gegenstands durch den Abnehmer den **Ort und Tag des Endes** der Beförderung des Gegenstands im übrigen Gemeinschaftsgebiet
- das **Ausstellungsdatum** der Bestätigung sowie
- die **Unterschrift** des Abnehmers

Zusätzlich zu dem Belegnachweis hat der Unternehmer die Voraussetzungen der Steuerbefreiung und auch die Umsatzsteuer-Identifikationsnummer buchmäßig nachzuweisen (Buchnachweis, § 17c UStDV).

Der Unternehmer muss den Buchnachweis bis zu dem Zeitpunkt führen, zu dem er die Umsatzsteuer-Voranmeldung für die Innergemeinschaftliche Lieferung abzugeben hat. Fehlende oder fehlerhafte Aufzeichnungen eines rechtzeitig erbrachten Buchnachweises können bis zum Schluss der letzten mündlichen Verhandlung vor dem FG nach den für Rechnungsberichtigungen geltenden Grundsätzen ergänzt oder berichtigt werden.

Der Umsatzsteuer-Identifikationsnummer kommt eine zentrale Bedeutung zu. Die Umsatzsteueridentifikationsnummer zeigt dem leistenden Unternehmer, dass der Leistungsempfänger ein Unternehmer ist, wenn er ihm die Nummer mitteilt und auch (grundsätzlich), dass der Gegenstand für sein Unternehmen verwendet wird. Der leistende Unternehmer hat die Angaben über die Umsatzsteueridentifikationsnummer zu prüfen. Er hat zu prüfen, ob die angegebene Nummer richtig ist und ob die Nummer auch zum Leistungsempfänger zugehörig ist. Der Unternehmer sollte sich des gesetzlich geregelten Bestätigungsverfahrens (§ 18e UStG) bedienen.

Die Prüfung kann über das Internet erfolgen; die Adresse hierzu lautet: http://evatr.bff-online.de/eVatR/

Der liefernde Unternehmer hat die steuerfreien Warenlieferungen in einer Zusammenfassenden Meldung (ZM) dem Bundesamt für Steuern zu erklären (§ 18a UStG). In der ZM müssen die Umsatzsteueridentifikationsnummer des Leistungsempfängers und die Summe der Bemessungsgrundlagen der an ihn ausgeführten innergemeinschaftlichen Warenlieferungen angegeben werden.

Die Zusammenfassende Meldung stellt damit das internationale Kontrollinstrument der Finanzverwaltungen dar. Über ein Informationsaustauschverfahren erhält z.B. der französische Fiskus Informationen über eine steuerfreie innergemeinschaftliche Lieferung an einen Steuerpflichtigen. Nachdem der Steuerpflichtige für steuerfreie Lieferungen an ihn einen entsprechenden innergemeinschaftlichen Erwerb tätigt, kann die Finanzverwaltung die Summe der gemeldeten Lieferungen und die erklärten Erwerbe abgleichen und somit die Angaben zu Steuertatbeständen überprüfen.

VI. Steuerberechnung und Besteuerungsverfahren

Lektion 20: Steuerschuldner

Fall 98

Bauunternehmer Hoch hat im Februar das Gebäude beim Kunden Knauser um ein Dachgeschoss für 50.000 € zzgl. 9.500 € Umsatzsteuer erweitert. Wer hat die Umsatzsteuer an das Finanzamt anzumelden und abzuführen?

Die Umsatzsteuer besteuert als Verbrauchsteuer den Endverbrauch von Waren und Dienstleistungen. Aber natürlich wäre die Erhebung der Umsatzsteuer über jeden einzelnen Endverbraucher viel zu aufwändig. Daher bedient sich der Gesetzgeber der in der Anzahl wenigeren Unternehmer und „verwendet" diese als Einzugsstellen für das Finanzamt. Die Umsatzsteuer ist daher auch eine indirekte Steuer, weil diese nicht vom eigentlichen Träger der Steuerbelastung gezahlt, sondern indirekt über den Unternehmer erhoben wird.

Steuerschuldner ist bei Lieferungen und Leistungen grundsätzlich der leistende Unternehmer (§ 13a Abs. 1 Nr. 1 UStG).

Der leistende Unternehmer hat die Umsatzsteuer gegenüber dem Finanzamt anzumelden und auch abzuführen.

Leitsatz 44

Unternehmer sind die „Einzugsstellen"

Die Unternehmer werden durch das Gesetz zu den Einzugsstellen des **Fiskus** für die Umsatzsteuer. Die Unternehmer nehmen die Umsatzsteuer von ihren Kunden ein und müssen diese (nach Verrechnung mit der Vorsteuer) an das Finanzamt **abführen**.

Im Fall 98 hat der Bauunternehmer Hoch die Umsatzsteuer in Höhe von 9.500 € an das Finanzamt anzumelden und abzuführen. Bauunternehmer Hoch ist für diesen Umsatz der Steuerschuldner.

Fall 99

Der Zimmermannsmeister Spitz hat an den Bauunternehmer Hoch für das Bauvorhaben bei den Eheleuten Knauser aus Fall 98 einen Dachstuhl geliefert, aufgeschlagen und das Dach eingedeckt. Zimmermannsmeister Spitz berechnet dem Bauunternehmer Hoch vereinbarungsgemäß 18.000 €. Wer ist Steuerschuldner?

Seit ein paar Jahren beginnt der Gesetzgeber die Steuerschuldnerschaft bei bestimmten Umsätzen auf den Leistungsempfänger zu übertragen. Statt dem leistenden Unternehmer schuldet der Leistungsempfänger die Umsatzsteuer für den an ihn ausgeführten Umsatz; man spricht vom Steuerschuldnertausch.

Für den Übergang der Steuerschuldnerschaft (Steuerschuldnertausch) gibt es zwei Überlegungen. Zum einen soll im internationalen Lieferungs- und Dienstleistungsverkehr hierdurch vermieden werden, dass sich ausländische Unternehmer im Inland registrieren lassen müssen (pragmatischer Hintergrund zur Vereinfachung des Umsatzsteuersystems). Zum anderen soll vermieden werden, dass dem leistungsempfangenden Unternehmer Vorsteuer erstattet wird, die der leistende Unternehmer wegen Insolvenz nicht mehr abführen konnte (fiskalische Begründung).

Übersicht 31: Übergang der Steuerschuldnerschaft

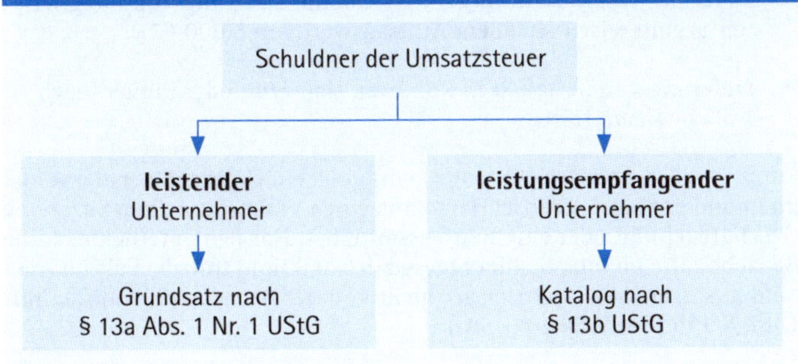

Für folgende steuerpflichtige Umsätze geht die Steuerschuldnerschaft auf den Leistungsempfänger über, wenn dieser Unternehmer ist (§ 13b UStG):

- Werklieferungen und sonstige Leistungen eines im Ausland ansässigen Unternehmers
- Lieferungen sicherungsübereigneter Gegenstände durch den Sicherungsgeber an den Sichernehmer außerhalb des Insolvenzverfahrens
- Umsätze, die unter das Grunderwerbsteuergesetz fallen
- Werklieferungen und sonstige Leistungen, die der Herstellung, Instandsetzung, Instandhaltung, Änderung oder Beseitigung von Bauwerken dienen (Bauleistungen)
- Lieferungen von Gas und Elektrizität eines im Ausland ansässigen Unternehmers
- Lieferung von Abfällen und Schrott (nach Anlage 3 zum UStG)
- Reinigen von Gebäuden und Gebäudeteilen
- Lieferungen von Gold mit einem Feingehalt von min. 325 Tausendstel
- Lieferung von Mobilfunkgeräten und die Lieferung von integrierten Schaltkreisen ab einem Auftragswert von 5.000 €
- Lieferung von Metallen in Rohform, Halbzeug oder Pulver (nach Anlage 4 zum UStG)

Ein im Ausland ansässiger Unternehmer ist ein Unternehmer, der weder im Inland noch auf der Insel Helgoland einen Wohnsitz, seinen Sitz, seine Geschäftsleitung oder eine Betriebsstätte hat. Hat der Unternehmer eine Betriebsstätte im Inland, gilt er (gesetzliche Fiktion) trotzdem als im Ausland ansässig, wenn der Umsatz nicht von der Betriebsstätte ausgeführt wird (§ 13b Abs. 7 Satz 2 UStG).

Voraussetzung für den Übergang der Steuerschuldnerschaft bei Bauleistungen ist, dass der Leistungsempfänger Bauleistungen erbringt und die bezogene Bauleistung bei ihm selbst in einen Ausgangsumsatz mit

Bauleistungen eingeht; er also die bezogene Bauleistung weiter verkauft. Gleiches gilt bei den Reinigungsleistungen.

Zimmermannsmeister Spitz aus Fall 99 erbringt mit seinen Zimmermannsarbeiten grundsätzlich Bauleistungen. Auch der Bauunternehmer Hoch erbringt Bauleistungen. Demnach sind Leistender und Leistungsempfänger Bauleistende. Mit der Lieferung des Dachstuhles, dem Aufschlagen und der Eindeckung erbringt Spitz auch im konkreten Fall eine Bauleistung gegenüber dem Bauunternehmer Hoch und die von Spitz bezogene Bauleistung wird im Rahmen einer Bauleistung auch von Hoch weiter verkauft. Nach § 13b UStG geht daher die Steuerschuldnerschaft auf den Leistungsempfänger, den Bauunternehmer Hoch, über.

Bauunternehmer Hoch hat die Umsatzsteuer gegenüber dem Finanzamt anzumelden und kann diese auch als Vorsteuer absetzen. Der Zeitpunkt für die Umsatzsteuer und die Vorsteuer ist einheitlich zu bestimmen, so dass sich bei nicht zum Vorsteuerabzug ausschließenden Umsätzen keine Zahlung bzw. Erstattung daraus ergibt.

Zimmermannsmeister Spitz berechnet Bauunternehmer Hoch nur den Nettobetrag von 18.000 € und hat keine Umsatzsteuer an das Finanzamt abzuführen.

Hätte Bauunternehmer Hoch durch den Zimmermannsmeister Spitz das Dach seiner Firma reparieren lassen, dann wäre die Steuerschuldnerschaft nicht auf Bauunternehmer Hoch übergegangen, da die bezogene Bauleistung selbst im Unternehmen vom Bauunternehmer Hoch verbraucht wurde und nicht in eine weiter verkaufte Bauleistung eingegangen ist.

Lektion 21: Entstehung der Umsatzsteuer

Besteuerung nach vereinbarten Entgelten (Sollbesteuerung)

Fall 100

Bauunternehmer Hoch hat in den Monaten Juni einen kleinen Anbau für die Familie Alt für 40.000 € zzgl. 7.600 € Umsatzsteuer erstellt. Der Anbau wurde am 27. Juni von den Eheleuten Alt abgenommen. Die Rechnung wurde am 3. Juli erstellt und vereinbarungsgemäß am 10. August gezahlt. Wann entsteht die Umsatzsteuer für die Leistung?

Der Unternehmer hat die Umsatzsteuer nach vereinbarten Entgelten (sog. Sollbesteuerung) in der Umsatzsteuervoranmeldung (§ 18 Abs. 1 UStG) bzw. der Jahressteuererklärung (§ 18 Abs. 3 UStG) gegenüber dem Fiskus zu erklären.

Leitsatz 45

Steuerentstehung bei der Sollbesteuerung

Bei der Sollbesteuerung entsteht die Umsatzsteuer mit **Ausführung** der Leistung. Der Zeitpunkt der **Zahlung** durch die Kunden ist **ohne** Bedeutung.

Bei der Berechnung der Steuer nach vereinbarten Entgelten entsteht die Steuer mit Ablauf des Voranmeldungszeitraums, in dem die Leistungen ausgeführt worden sind (§ 13 Abs. 1a UStG). Die Umsatzsteuer entsteht grundsätzlich unabhängig vom Zeitpunkt der Zahlung durch die Kunden. Der Unternehmer ist damit dem Problem ausgesetzt, dass er die Umsatzsteuer bis zum Zahlungseingang zwischenfinanzieren muss. Leistungen sind ausgeführt:

- bei Lieferungen mit der Verschaffung der Verfügungsmacht an dem zu liefernden Gegenstand
- bei Lieferungen mit Beförderung oder Versendung des Gegenstandes an den Leistungsempfänger mit Beginn der Beförderung oder Versendung

- bei Werklieferungen in der Bauwirtschaft, wenn dem Bauherrn die Verfügungsmacht an dem Werk verschafft worden ist, d.h. mit der sog. Abnahme

- bei Arbeits-, Dienst- und Werkleistungen im Zeitpunkt der Vollendung

- bei einem Handelsvertreter mit Ausführung des vermittelten Umsatzes

- bei zeitlich begrenzten Dauerleistungen mit Beendigung des Rechtsverhältnisses.

Werden für wirtschaftlich teilbare Leistungen besondere Entgelte vereinbart (wie z.B. bei einem Mietvertrag der Mietzins pro Kalendermonat), so liegen Teilleistungen vor. Bei Teilleistungen entsteht die Umsatzsteuer in dem Zeitpunkt, in dem die Teilleistung ausgeführt worden ist.

Im Fall 100 hat Bauunternehmer Hoch in seiner Umsatzsteuervoranmeldung für Juni die Umsatzsteuer für seine (Werk-)Lieferung an die Eheleute Alt mit 7.600 € zu berücksichtigen. Seine Leistung wurde im Juni mit der Abnahme des Werkes ausgeführt. Die spätere Rechnungsstellung im Juli bzw. die Zahlung im August ist ohne Bedeutung.

Von den Umsatzsteuerbeträgen können, wie der Leitsatz 46 zeigt, die in den Erklärungszeitraum fallenden abzugsfähigen Vorsteuerbeträge abgesetzt werden (§ 16 Abs. 1 und Abs. 3 UStG).

Leitsatz 46

Umsatzsteuervorauszahlung

Umsatzsteuer nach vereinbarten Entgelten
./. abzugsfähige Vorsteuer

= Umsatzsteuervorauszahlung

Der Vorsteuerabzug setzt den Besitz der Rechnung und den Erhalt der Leistung oder den Besitz der Rechnung und die Bezahlung (vor Erhalt der Leistung) voraus.

Mindest-Ist-Besteuerung

Erhält der Unternehmer vor der Ausführung seiner Leistung (oder Teilleistung) eine Vorauszahlung oder Abschlagszahlung, so entsteht die Steuer bereits mit der Vereinnahmung des Betrages. Man bezeichnet dies als Mindest-Ist-Besteuerung.

Fall 101

Bauunternehmer Hoch hat in den Monaten Juli und August einen Rohbau für die Familie Neu für 180.000 € zzgl. 34.200 € erstellt. Der Rohbau wurde am 28. August von den Eheleuten Neu abgenommen. Vereinbarungsgemäß hat der Bauunternehmer im Juli eine Abschlagsrechnung in Höhe von 100.000 € zzgl. 19.000 € Umsatzsteuer gestellt, die auch sofort im Juli gezahlt wurde. Über den Restbetrag von 80.000 € zzgl. Umsatzsteuer 15.200 € hat er am 3. September eine sog. Schlussrechnung gestellt. Vereinbarungsgemäß wurde die Rechnung am 10. Oktober von den Eheleuten gezahlt. Welche Umsatzsteuerbeträge hat Bauunternehmer Hoch bei seinen Umsatzsteuervoranmeldungen zu berücksichtigen?

Wird das Entgelt oder ein Teil des Entgelts vereinnahmt, bevor die Leistung oder die Teilleistung ausgeführt worden ist, so entsteht die Steuer mit Ablauf des Voranmeldungszeitraums, in dem das Entgelt vereinnahmt worden ist (§ 13 Abs. 1 Nr. 1a UStG).

Übersicht 32: Steuerentstehung bei der Sollbesteuerung

Entstehung der Umsatzsteuer
(§ 13 UStG)

- mit **Ausführung der Leistung** (unabhängig vom Zeitpunkt der Zahlung durch den Kunden)
- bei **Zahlungen vor** der vollständigen **Ausführung** der Leistung (Anzahlungen) im Zeitpunkt der Zahlung (sog. Mindest-Ist-Besteuerung)

Bauunternehmer Hoch hat im Fall 101 seine (Werk-)Lieferung im August mit der Abnahme des Werkes durch die Eheleute Neu ausgeführt. Die Umsatzsteuer für die (Werk-)Lieferung würde daher im August entstehen. Die spätere Rechnungsstellung im September bzw. die Zahlung im Oktober ist ohne Bedeutung. Bauunternehmer Hoch hat aber bereits im Juli 100.000 € zzgl. 19.000 € Umsatzsteuer vereinnahmt. Bei Vereinnahmung vor der Ausführung der Leistung entsteht die Steuer bereits mit Vereinnahmung. Hoch hat daher die Umsatzsteuer für die Abschlagszahlung in Höhe von 19.000 € in seiner Umsatzsteuervoranmeldung für Juli zu berücksichtigen. Im August hat er die Umsatzsteuer für die ausgeführte Leistung in Höhe von 34.200 €, abzgl. der Umsatzsteuer für die Abschlagszahlung in Höhe von 19.000 €, somit 15.200 € zu erklären.

Berichtigung der Bemessungsgrundlage

Fall 102

Die Eheleute Knauser aus Fall 98 verbringen das Weihnachtsfest glücklich mit ihrem neuen Dach. Als sie sich jedoch nach dem ersten Frost im Januar alles genau ansehen, müssen sie feststellen, dass sich außen sehr feine Haarrisse zeigen. Bauunternehmer Hoch ist ratlos und vereinbart mit den Eheleuten Neu im Januar eine nachträgliche Gutschrift über 3.000 € und zahlt diese aus. Ändert sich hierdurch die Umsatzsteuer?

Hat sich die Bemessungsgrundlage für einen steuerpflichtigen Umsatz geändert, hat bzw. darf der Unternehmer, der diesen Umsatz ausgeführt hat, den Steuerbetrag berichtigen (§ 17 Abs. 1 Satz 1 UStG). Der Leistungsempfänger hat spiegelbildlich einen geltend gemachten Vorsteuerabzug zu berichtigen (§ 17 Abs. 1 Satz 2 UStG).

Leitsatz 47

Berichtigung der Bemessungsgrundlage

Die Berichtigungsvorschriften stellen sicher, dass endgültig nur die **tatsächlich** erhaltene Gegenleistung der Umsatzsteuer unterliegt.

Die Frage, ob sich die Bemessungsgrundlage für einen steuerpflichtigen Umsatz geändert hat, beurteilt sich danach, ob sich das Entgelt gemindert hat. Eine Entgeltsminderung kann bei Mängelabzügen, Skonti, Rabatten oder Preisnachlässen vorliegen. Eine Entgeltsminderung kann auch dann vorliegen, wenn dem Leistungsempfänger bereits gezahlte Beträge wieder zurückgewährt werden.

Im Fall 102 muss der Bauunternehmer Hoch aufgrund seiner Vereinbarung mit der Familie Neu einen Betrag von 3.000 € zurückzahlen. Durch die Rückzahlung ändert sich das Entgelt und damit die Umsatzsteuerbemessungsgrundlage. Die Tatsache, dass das Geld bereits vollständig erhalten wurde und später wieder teilweise zurückgezahlt werden muss ist dabei ohne Bedeutung. Der Bauunternehmer Hoch kann die Umsatzsteuer nach § 17 Abs. 1 UStG berichtigen. Die Umsatzsteuerminderung beträgt 478,99 € ($^{19}/_{119}$ vom Bruttobetrag von 3.000 €).

Eine Berichtigung der Umsatzsteuer (und ggf. der Vorsteuer) ist auch dann vorzunehmen, wenn das Entgelt für eine steuerpflichtige Lieferung oder sonstige Leistung uneinbringlich wird. Uneinbringlichkeit liegt insbesondere vor, wenn der Schuldner zahlungsunfähig ist oder den Forderungen die Einrede des Einforderungsverzichts entgegen halten kann.

Auch wenn der Leistungsempfänger das Bestehen oder die Höhe des vereinbarten Entgelts substantiiert bestreitet, kommt eine Berichtigung der Umsatzsteuer in Betracht.

Wird über das Vermögen eines Leistungsempfängers das Insolvenzverfahren eröffnet, werden die gegen ihn gerichteten offenen Forderungen spätestens in diesem Zeitpunkt in voller Höhe uneinbringlich. Eine mögliche spätere Insolvenzquote ist ohne Bedeutung.

Erhält der leistende Unternehmer nach Abschluss des Insolvenzverfahrens eine Quote für die ausgefallene Forderung, dann ist die Umsatzsteuer für diese Quote erneut zu berichtigen; diesmal zugunsten des Fiskus.

Besteuerung nach vereinnahmten Entgelten (Istbesteuerung)

Die Besteuerung nach vereinbarten Entgelten hat den Nachteil, dass die Umsatzsteuer unabhängig von der Zahlung des Kunden mit der Ausführung der Leistung entsteht. Der Unternehmer muss daher notfalls die Umsatzsteuer zwischen der Umsatzsteuervorauszahlung und der Zahlung durch den Leistungsempfänger zwischenfinanzieren.

Das Finanzamt kann dem Unternehmer, der Größenmerkmale nicht überschreitet oder bestimmte Tätigkeiten ausübt, auf Antrag gestatten, dass er die Umsatzsteuer nach vereinnahmten Entgelten - statt nach vereinbarten Entgelten - berechnen kann.

Leitsatz 48

Steuerentstehung bei der Istbesteuerung

Bei der Istbesteuerung entsteht die Umsatzsteuer erst bei **Zahlung** durch den Kunden. Eine Zwischenfinanzierung ist dann nicht erforderlich. Soweit möglich, sollte der Antrag auf Istbesteuerung daher **immer** gestellt werden.

Fall 103

Der Zimmermannsmeister Spitz hat den Eheleuten Neu für ihr neues zu Hause einen Dachstuhl geliefert und das Dach eingedeckt. Die Abnahme der Leistung erfolgte am 26. September. Die Rechnung über 25.000 € zzgl. 4.750 € Umsatzsteuer wurde am 10. Oktober erstellt, die Zahlung erfolgte am 2. November. Wann hat Zimmermannsmeister Spitz die Umsatzsteuer zu erklären? Alle Anträge und Grenzen gelten als gestellt und eingehalten.

Das Finanzamt kann auf Antrag gestatten, dass ein Unternehmer,

- dessen Gesamtumsatz im vorangegangenen Kalenderjahr nicht mehr als 500.000 € betragen hat, oder
- der von der Buchführungspflicht befreit ist, oder
- soweit er Umsätze aus einer freiberuflichen Tätigkeit im Sinne des § 18 EStG ausführt (z.B. Steuerberater, Rechtsanwalt, Architekt),

die Steuer nach vereinnahmten Entgelten berechnet (§ 20 UStG).

Nachdem im Fall 103 alle Grenzen eingehalten und alle Anträge als gestellt gelten, kann der Unternehmer Spitz die Umsatzsteuer für die Lieferung des Dachstuhls und die Eindeckung nach vereinnahmten Entgelten berechnen. Die Rechnung wurde im November gezahlt und damit vereinnahmt. Er hat die Umsatzsteuer in der Umsatzsteuervoranmeldung für November zu berücksichtigen. Die frühere Ausführung der Leistung (mit der Abnahme) und die Rechnungsstellung sind ohne Bedeutung.

Hätte der Unternehmer Spitz keinen Antrag gestellt oder die Grenzen überschritten, dann hätte er die Besteuerung nach vereinbarten Entgelten vornehmen und den Umsatz bereits in der Umsatzsteuervoranmeldung für September berücksichtigen müssen. Die Umsatzsteuervoranmeldung für September ist grundsätzlich am 10. Oktober fällig, die Umsatzsteuervoranmeldung für November am 10. Dezember. Mit der Istbesteuerung hat der Unternehmer die Umsatzsteuer damit zwei Monate später zahlen müssen.

Die Besteuerung nach vereinnahmten Entgelten hat übrigens keinen Einfluss auf den Vorsteuerabzug. Die Vorsteuerbeträge sind unabhängig davon

- beim Besitz der Rechnung und der Ausführung der Leistung, oder
- beim Besitz der Rechnung und Zahlung

zu berücksichtigen.

Die folgende Übersicht 33 zeigt den Unterschied der Steuerentstehung bei der Besteuerung nach vereinbarten Entgelten (Sollbesteuerung) und der Besteuerung nach den vereinnahmen Entgelten (Istbesteuerung.

Übersicht 33: Entstehung der Umsatzsteuer

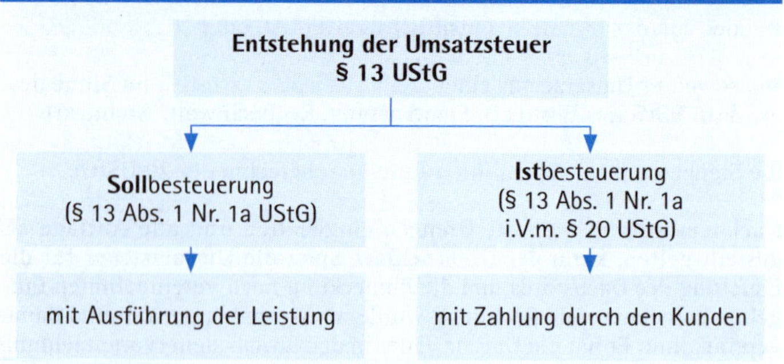

Lektion 22: Besteuerungsverfahren

Umsatzsteuervoranmeldung

Der Unternehmer hat bis zum 10. Tag nach Ablauf eines Voranmeldungszeitraums eine Umsatzsteuervoranmeldung beim Finanzamt auf elektronischem Wege einzureichen.

Voranmeldungszeitraum ist grundsätzlich das Kalendervierteljahr (Januar bis März, April bis Juni, usw.). Beträgt die Steuer (Umsatzsteuer abzüglich Vorsteuer) für das vorangegangene Kalenderjahr mehr als 7.500 € ist der Kalendermonat der Voranmeldungszeitraum.

Beträgt die Steuer für das vorangegangene Kalenderjahr nicht mehr als 1.000 €, kann das Finanzamt den Unternehmer von der Verpflichtung zur Abgabe der Voranmeldung befreien. Der Unternehmer hat dann nur eine Jahressteuererklärung abzugeben.

Übersicht 34: Abgabe der Umsatzsteuer-Voranmeldung

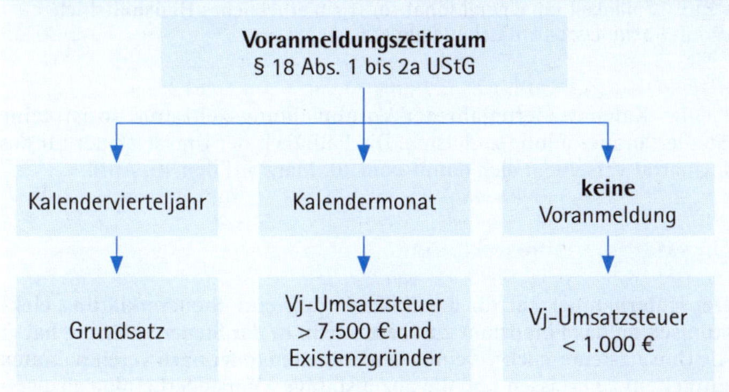

Bei Existenzgründern ist zwingend in den ersten beiden Jahren der Kalendermonat der Voranmeldungszeitraum (§ 18 Abs. 2 Satz 4 UStG).

Das Finanzamt kann dem Unternehmer auf Antrag die Frist für die Abgabe der Voranmeldungen und für die Entrichtung der Vorauszahlungen um einen Monat zu verlängern, sog. Dauerfristverlängerung. Die Dauerfristverlängerung ist in der Praxis üblich und wird von der überwiegenden Anzahl der Unternehmen in Anspruch genommen.

Ist der Kalendermonat der Voranmeldungszeitraum, so hat der Unternehmer bei einer Dauerfristverlängerung eine Sondervorauszahlung in Höhe von 1/11 der Summe der Vorauszahlungen des vergangenen Kalenderjahres zu leisten. Anstatt der Umsatzsteuervorauszahlung für den Januar, die am 10. Februar fällig ist, leistet der Unternehmer die Sondervorauszahlung von 1/11. Die Vorauszahlung für Januar - normal fällig am 10. Februar - ist dann am 10. März fällig. Die Haushaltskasse hat damit keinen Zinsnachteil - der Unternehmer hat einen Monat länger Zeit für die Abwicklung der Buchhaltung.

Leitsatz 49

Sondervorauszahlung

Die Sondervorauszahlung (nur bei monatlicher Voranmeldung) ist aus Haushaltssicht **erforderlich**, da durch die Verschiebung der Fälligkeit um einen Monat sonst ein erhebliches **Haushaltsloch** beim Fiskus entstehen würde.

Ist das Kalendervierteljahr der Voranmeldungszeitraum, so ist keine Sondervorauszahlung zu leisten. Die Fälligkeit der Umsatzsteuer für das I. Quartal verschiebt sich damit vom 10. März auf den 10. April.

Umsatzsteuerjahreserklärung

Der Unternehmer hat für das Kalenderjahr eine Steuererklärung elektronisch an das Finanzamt zu übermitteln. In der Steuererklärung hat er die Umsatzsteuer nach vereinbarten Entgelten (oder nach vereinnahmten Entgelten) zu erfassen und die abzugsfähigen Vorsteuerbeträge abzusetzen. Die Berechnung wird vereinfacht in Übersicht 35 dargestellt. Unter Berücksichtigung der geleisteten Vorauszahlung hat er die Abschlusszahlung oder den Erstattungsanspruch selbst zu berechnen (Steueranmeldung).

Ergibt sich ein Unterschiedsbetrag zugunsten des Finanzamtes (Abschlusszahlung), so ist dieser innerhalb eines Monats nach dem Eingang der Steueranmeldung fällig.

Mit dem Abschluss des Besteuerungszeitraumes durch die Jahreserklärung läuft der nächste Besteuerungszeitraum bereits.

Übersicht 35: Umsatzsteuerjahreserklärung

	Umsatzsteuer nach vereinbarten oder vereinnahmten Entgelten
./.	abzugsfähige Vorsteuer
=	verbleibende Umsatzsteuer
./.	Umsatzsteuer-Vorauszahlungen
=	**Abschlusszahlung/Erstattungsanspruch**

Hat der Unternehmer nicht die materiellen und formellen Vorschriften des Umsatzsteuergesetztes beachtet, so kann die für die Unternehmen ausgestaltete Kostenneutralität der Umsatzsteuer sehr schnell zum – auch existenzbedrohenden – Kostenfaktor und Risiko werden.

***

Der Unternehmer ist durch die Umsatzsteuer einem permanenten Risiko ausgesetzt. Gut ist, wenn er und seine Berater – auch durch dieses Werk – richtig informiert sind.

A

B

D

E

F

G

H

I

K

L

M

N

Die Besteuerung von Kapitalanlagen – *leicht gemacht* ®

Eine Einführung für Studierende, Berater und Anleger
von Professor Dr. Christian Möller, LL. M.

Ein erfahrener Professor vermittelt verständlich die Besteuerung von Kapitalerträgen. Aus dem Inhalt:

- Abgeltungsteuer, Kapitalertragsteuer, Quellensteuer
- Sparbücher, Aktien, Investmentfonds
- Darlehn, Lebensversicherungen, Renten
- GmbH-Beteiligungen, Anleihen, Genussrechte
- Freistellung, Verlustverrechnung, Auslandserträge

Die präzise Erläuterung der nationalen und internationalen Aspekte. Ein Beistand für Studium, Beruf und private Anlage.

Die Steuer der Immobilien – *leicht gemacht* ®

Haus- und Grundeigentum im Steuerrecht
von Dipl.-Kff., Dipl.-Betriebsw. Kerstin Schober

Eine erfahrene Steuerberaterin löst die steuerlichen Fragen vom Eigenheim bis zur Bewirtschaftung von Großobjekten:

- Anschaffung, Errichtung, Modernisierung
- Einkünfte, Liebhaberei, Vermietung
- Veräußerung, Handel, Schenkung
- Umsatzsteuer, Gewerbesteuer, Erwerbsteuer
- Grundsteuer, Erbschaftsteuer u.v.m.

Das Lehrbuch für Haus- und Grundeigentum. Unverzichtbar für alle Lernenden in der Immobilienwirtschaft, zudem ein Handbuch für Interessierte und Engagierte.